Albert Hofmann

Einsichten
Ausblicke

Essays

WILHELM HEYNE VERLAG
MÜNCHEN

SPHINX BEI HEYNE
Herausgegeben von Michael Görden
Nr. 08/3015

Umwelthinweis:
Dieses Buch wurde auf
chlor- und säurefreiem Papier gedruckt.

Copyright © 1986 Albert Hofmann
Dieses Buch erschien zuerst 1986 im Sphinx Medien Verlag, Basel
Copyright © 1995 by Heinrich Hugendubel Verlag, München
Alle Rechte vorbehalten.
Genehmigte Taschenbuchlizenzausgabe 1997 im
Wilhelm Heyne Verlag GmbH & Co. KG, München
Printed in Germany 1997
Umschlaggestaltung: Atelier Adolf Bachmann, Reischach
Umschlagabbildung: Hess/The Image Bank, München
Satz: Pinkuin Satz- und Datentechnik, Berlin
Druck und Bindung: Elsnerdruck, Berlin

ISBN 3-453-12601-7

Meinen Enkeln

Inhalt

Vorwort

Die Erde ist eine Kugel, die sich um sich selbst drehend im Weltraum um die Sonne bewegt. Das wußte jedermann, doch dann konnte man es sehen, als vor wenigen Jahren die Weltraumforschung fotografische Aufnahmen lieferte: Der Planet Erde, eine blaue Kugel, frei im All schwebend.

Seither rufe ich mir gerne vor dem Einschlafen dieses Bild vor das innere Auge. Ich stelle mir vor, wie ich, hier im Bett liegend, dort auf der Oberfläche der Kugel mitreise, auf der sich so viel zugetragen hat, seit sie auf der ihr vor Urzeiten vorbestimmten Bahn gleichmäßig dahinzieht.

Erst nach Milliarden Sonnenumkreisungen, nachdem die Erdkugel sich begrünt und nach weiteren vielen Hundert Millionen Jahren, als sich auf ihr tierisches Leben entwickelt hatte, erschien auf ihr das Geschöpf, das die Welt und sich selbst bewußt erlebt. Als eines dieser bewußtseinsbegabten Geschöpfe schaue ich jetzt mit dem Auge der Kamera vom Weltraum her auf die blaue Kugel, auf der sich das Drama der Menschheit abspielt. Was für Völkerschicksale, welch persönliche Schauspiele sind dort schon über die Bühne gegangen, die der Vorhang der Zeit vom heutigen Zuschauer trennt! Doch im

Zeitlosen, an dem wir alle durch unser Bewußtsein Anteil haben, leben die Bilder fort: Märchenhafte Kulturen, die vor Jahrtausenden in China blühten, die Welt der griechischen und römischen Antike, der Alexanderzug, das Aztekenreich, die Kreuzzüge, die Zeit der Gotik und der Renaissance, zwei Weltkriege ...

Von allen diesen auf der Erdoberfläche wechselnden Szenerien war aus der kosmischen Perspektive nichts zu erkennen, und auch die Menschen der darin auf- und abtretenden Generationen waren nicht zu sehen. Es war immer das gleiche Bild, das sich auch heute dem Blick aus dem Weltraum bietet – die im Sonnenlicht blauleuchtende Kugel, die unbekümmert um Menschenzeit und Menschheitsschicksal ruhig im All dahinschwebt.

Während dieses Bild mit der Deutlichkeit der fotografischen Aufnahme vor meinem inneren Auge steht, weiß ich, daß ich mich in diesem Augenblick dort auf der Schattenseite der Kugeloberfläche befinde, hier in meinem Haus auf der Jurawiese, im Schlafzimmer, dessen Fenster offensteht, durch das mit Heugeruch vermischte frische Nachtluft einströmt. Auf der Kugel verschwindet meine individuelle Existenz unter den Menschenmilliarden, die dort gegenwärtig für einen kosmischen Augenblick die Oberfläche bevölkern. Hier hingegen bin ich das Zentrum der Welt, meiner Welt, die sich vom Zimmer aus rundum über die Länder der Erde zum Mond, zur Sonne, bis in die Unendlichkeit des von Sternen funkelnden Alls ausdehnt.

Was ist nun wahr, was ist wirklich, befinde ich mich hier oder dort? Darf man diese Frage, zu der die Antwort so selbstverständlich scheint, überhaupt stellen? Ich glaube ja, denn im Grunde ist nichts selbstverständlich. Daß uns heute so vieles, fast alles selbstverständlich scheint, ist einer der folgenreichsten Fehler in unserer Geisteshaltung. An Selbstverständlichkeit könnte die Welt zugrundegehen.

Die Antwort auf obige Frage, ich befinde mich hier in meinem Zimmer und dort auf der blauen Kugel, ist nicht selbstverständlich. Sie stellt eine höhere Wahrheit dar, die nur jemand begreift, der weiß, daß die Erde, auf der er sich befindet, eine Kugel ist. Für den primitiven Menschen ist nur wahr und wirklich, was er unmittelbar mit seinen Sinnen wahrnehmen kann, im vorliegenden Fall, daß er hier ist, auf der Erde, die flach ist, über die sich die Himmelskuppel wölbt. Er kennt nur einen Teil der Wahrheit.

Was sich am Beispiel dieser nächtlichen Meditation zeigt, nämlich wie die Wirklichkeit je nach dem Standpunkt des Betrachters ganz verschiedene Ansichten darbietet, die sich aber nicht ausschließen, sondern zu einer umfassenderen Wahrheit ergänzen, möchte ich in den folgenden Essays darlegen. Sie enthalten Einsichten in das Wesen unserer Alltagswirklichkeit, die mir aus eigenen Lebenserfahrungen zugewachsen sind. Es sind also ganz persönliche Betrachtungen zu einem zentralen Problem der Philosophie, die unausweichlich ins Religiöse führen.

Tatsächlich ist jeder sein eigener Philosoph, denn jeder Mensch erlebt die Welt gemäß seiner Einzigartigkeit auf einmalige Weise und macht sich von ihr dementsprechend sein eigenes persönliches Bild. Jeder muß in seiner besonderen Wirklichkeit zurechtkommen.

Daß wir alle schon als Philosophen geboren werden, zeigt sich an den Fragen, die Kinder stellen: »Papi, wo hört die Welt auf? – Wann hat der liebe Gott die Welt gemacht? – Warum müssen alle Menschen sterben?« – und ähnliches. Es sind Fragen, auf die man in all den vielen philosophischen Werken noch immer keine Antwort findet, obschon es sich doch um Grundfragen unserer Existenz handelt.

Aus meiner eigenen Kindheit erinnere ich mich noch sehr genau an ein kindlich-philosophisches Gespräch, das ich als etwa Zehnjähriger mit einem Kameraden führte. Es war auf dem Weg in die Primarschule, wir trottelten gerade auf das alte Stadttor zu, als mein Gespane mich fragte: »Glaubst du noch an den lieben Gott? Ich glaube nicht mehr, daß es den gibt, seit ich gemerkt habe, daß man mich mit dem Christkind angeschwindelt hat, und daß der St. Niklaus niemand anderer war als der Onkel Fritz.« Ich antwortete ihm, daß es mit dem lieben Gott aber anders sein müsse als mit dem Christkind und mit dem St. Niklaus, denn es gäbe doch die Welt und die Menschen, die nur der liebe Gott gemacht haben könne.

Das war mein Gottesbeweis, und er ist es bis heute geblieben.

Warum stellen Kinder so tiefgründige Fragen? – Weil ihnen die Schöpfung, die sich ihnen durch frische Sinne unmittelbar und neu erschließt, noch nicht selbstverständlich scheint. So erscheint sie erst den Erwachsenen mit ihrem durch Gewohnheit abgestumpften Empfinden. Sie ist es aber nicht, die Kinder haben recht. Sie leben noch im Paradies, weil sie noch in der Wahrheit leben, weil sie die Erde noch so wahrnehmen, wie sie wirklich ist, nämlich wunderbar.

Erwachsene kennen nur noch das Staunen über die neuesten Entdeckungen und Erzeugnisse von Wissenschaft und Technik, über computergesteuerte Raketen, Laserschallplatten, Weltraumfahrt usw. Wir haben allen Grund, alle diese großartigen Leistungen menschlichen Genies zu bewundern, auch wenn sie uns zum Teil erschrecken. Die Tragik besteht darin, daß wir den sekundären vergänglichen Charakter von allem Menschenwerk übersehen, daß wir uns nicht bewußt sind, daß Wissenschaft und Technik auf Vorgegebenheiten der Natur beruhen. Es ist Materie, aus der die Erde besteht, mit der der Chemiker arbeitet; es sind Kräfte und Gesetze transzendentalen Ursprungs, die das anorganische Universum erhalten und das Pflanzen- und das Tierreich beleben, die der Physiker und der Biologe erforschen und die Techniker in ihren Dienst stellen und ausnützen.

Der Ursprung der primären Welt, der Schöpfung mit ihren Gesetzen, die den Lauf der Sterne, das Wachstum des Grashalms regeln, die war, ehe der Mensch erschien, entzieht sich der verstandesmäßigen Erklärung. Die Erkenntnisse der Naturwissenschaften stellen Beschreibungen von Vorgegebenem dar, sind keine Erklärungen. Der Botaniker kann eine Blume bis ins letzte Detail ihrer Form und Farbe beschreiben und mit anderen Blüten vergleichen; der Zellphysiologe kann den Mechanismus der Befruchtung, der Zellteilung und Organbildung dieser Blüte erforschen und anschaulich darstellen. Warum aber eine Blume so ist, wie sie ist, woher ihr Bauplan und die Gesetze, nach denen dieser Plan verwirklicht wird, stammen, bleibt ein Rätsel. Das Kind sieht die Blume, wie sie ist in ihrer Ganzheit und sieht damit das Wesentliche, nämlich das Wunder. Was die wissenschaftliche Erforschung zusätzlich bringt, ist, damit verglichen, von geringer Bedeutung.

Es ist aber keineswegs bedeutungslos. Ich bin Chemiker geworden und habe mich dann mit Pflanzenchemie befaßt, gerade weil ich mich vom Rätsel der Materie und vom Wunder der Pflanzenwelt angezogen fühlte. Die Einblicke in den Bau der Materie und die chemische Struktur der Blütenfarbstoffe und anderer Pflanzenbestandteile, die ich durch meinen Beruf gewann, haben das Staunen über die Natur, über ihr Wirken, über ihre Kräfte und Gesetze nicht vermindert, sondern vergrößert. Zur Wahrnehmung von Gestalt und Farbe, die der Blick auf die Oberfläche der Naturdinge vermittelt, kommt die Einsicht in ihre innere Struktur und die inneren Lebensprozesse. Daraus ergibt sich ein vollständigeres Bild von ihrer Wirklichkeit, eine umfassendere Wahrheit.

Es könnte wohl sein, daß der Wert und die Bedeutung der Naturwissenschaften nicht in erster Linie darin liegt, daß sie uns die moderne Technik und den durch sie ermöglichten Komfort und materiellen Wohlstand brachten, sondern daß ihr eigentlicher, evolutionärer Sinn in der Erweiterung des menschlichen Bewußtseins vom Wunder der Schöpfung besteht. Die Erkenntnis der Schöpfung als die Offenbarung aus erster Hand, als »das Buch, das der Finger Gottes geschrieben hat«, könnte die Grundlage einer neuen erdumfassenden Spiritualität werden.

Die naturwissenschaftliche Forschung hat sichtbar werden lassen, wie der Mensch in das Ganze der Natur eingebettet ist und wie er ein unablösbarer Teil von ihr darstellt. Dieses Wissen steht in Übereinstimmung mit der emotionalen Erfahrung des Mystikers von der Einheit alles Lebendigen. Es scheint, daß diese fundamentale Wahrheit nun komplementär von diesen zwei Seiten her immer mehr ins allgemeine Bewußtsein eingeht.

Damit eröffnet sich ein hoffnungsvoller Ausblick in die Zukunft, denn die Hauptprobleme der Gegenwart sind aus einem dualistischen Wirklichkeitsbewußtsein entstanden. Die Auffassung der natürlichen Umwelt als etwas vom Menschen Getrenntes, Gegenständliches, das man unbegrenzt nutzen, ausnützen kann, hat zur ökologischen Krise geführt. Das neu erwachende, religiöse Bewußtsein von der Einheit des Menschen mit der Natur, und nur dieses, könnte zu den notwendigen, Not wendenden, mit Opfern verbundenen Maßnahmen führen.

Persönliche, kindliche Wahrnehmung der Natur, die der mystischen Erfahrung gleichzusetzen ist, als die eine Quelle und naturwissenschaftliche Erkenntnisse als die andere, liegen den drei nachfolgenden Essays und den zwei beigefügten Aufsätzen zugrunde. Diese zwei komplementären Ansichten und Einsichten in die Einheit von äußerer materieller und innerer geistiger Welt, von Natur- und Geisteswissenschaften, bestimmen meine Weltschau. Sie beinhaltet keine neuen philosophischen Erkenntnisse, sondern ist das Ergebnis zeitgemäßer persönlicher Erfahrung alter Wahrheiten. Ich fand in ihr Geborgenheit, Vertrauen und Sicherheit, weil sie in ihren Grundzügen mit den Anschauungen der großen Philosophien und ihrem gemeinsamen religiösen Ursprung übereinstimmt.

Rittimatte, Burg i. L.
im Juni 1985

Die Wechselbeziehung zwischen innerem und äußerem Raum

Das Wirkliche ist ebenso zauberhaft,
wie das Zauberhafte wirklich ist.
Ernst Jünger
in »Sizilischer Brief an den Mann im Mond«

Es gibt Erlebnisse, über die zu sprechen die meisten Menschen sich scheuen, weil sie nicht in die Alltagswirklichkeit passen und sich einer verstandesmäßigen Erklärung entziehen. Damit sind nicht besondere Ereignisse in der Außenwelt gemeint, sondern Vorgänge in unserem Inneren, die meistens als bloße Einbildung abgewertet und aus der Erinnerung verdrängt werden. Bei den Erlebnissen, die hier gemeint sind, erfährt das vertraute Bild der Umgebung plötzlich eine merkwürdige, beglückende oder erschreckende Verwandlung, erscheint in einem anderen Licht, bekommt eine besondere Bedeutung. Ein solches Erlebnis kann uns nur wie ein Hauch berühren oder aber sich tief einprägen.

Aus meiner Knabenzeit ist mir eine derartige Verzauberung ganz besonders lebendig in der Erinnerung geblieben. Es war an einem Maimorgen. Das Jahr weiß ich nicht mehr, aber ich kann noch auf den Schritt genau angeben, an welcher Stelle des Waldweges auf dem Martinsberg oberhalb von Baden (Schweiz) sie eintrat. Während ich durch den frischergrünten, von der Morgensonne durchstrahlten, von Vogelsang erfüllten Wald dahinschlenderte, erschien auf einmal alles in einem ungewöhnlich klaren Licht. Hatte ich vorher nie recht geschaut, und sah ich jetzt plötzlich den Frühlingswald, wie er wirklich war? Er erstrahlte im Glanz einer eigenartig zu Herzen gehenden, sprechenden Schönheit, als ob er mich einbeziehen wollte in seine Herrlichkeit. Ein unbeschreibliches Glücksgefühl der Zugehörigkeit und seligen Geborgenheit durchströmte mich.

Wie lange ich gebannt stehen blieb, weiß ich nicht, aber ich erinnere mich der Gedanken, die mich beschäftigten, als der verklärte Zustand langsam dahinschwand und ich weiterwanderte. Warum dauerte die beseligende Schau nicht weiter an, da sie doch eine durch unmittelbares tiefes Erleben überzeugende Wirklichkeit offenbart hatte? Und wie konnte ich, wozu mich meine überquellende Freude drängte, jemandem von meinem Erlebnis berichten, da ich sogleich spürte, daß ich keine Worte für das Geschaute fand? Es erschien mir seltsam, daß ich als Kind etwas so Wunderbares gesehen hatte, das die Erwachsenen offensichtlich nicht bemerkten, denn ich hatte sie nie davon reden hören, oder war das eines ihrer Geheimnisse?

In meiner späteren Knabenzeit hatte ich auf meinen Streifzügen durch Wald und Wiesen noch einige solche beglückende Erlebnisse. Sie waren es, die mein Weltbild in seinen Grundzügen bestimmten, indem sie mir die Gewißheit vom Dasein einer dem Alltagsblick verborgenen, unergründlichen, lebensvollen Wirklichkeit gaben.

Die vorstehende Schilderung eines meiner visionären Kindheitserlebnisse habe ich als Vorwort schon in meine berufliche Autobiografie *LSD – Mein Sorgenkind* (Stuttgart 1979) aufgenommen, denn jene mystischen Wirklichkeitserfahrungen waren auch der Grund, warum ich den Beruf des Chemikers ergriffen habe. Sie weckten in mir das Verlangen nach einem tieferen Einblick in den Bau und das Wesen der materiellen Welt. In meiner beruflichen Tätigkeit stieß ich auf psychoaktive Pflanzenstoffe, die unter bestimmten Bedingungen den geschilderten spontanen Erlebnissen ähnliche, visionäre Zustände hervorzurufen vermögen. Jene Untersuchungen über bewußtseinsverändernde Wirkstoffe, von denen LSD weltweit bekannt geworden ist, führten mich auf das Problem des Zusammenhanges zwischen Bewußtsein und Materie, das heißt, zwischen innerer geistiger Welt und äußerer materieller Welt. Es ist dies das Problem der Wirklichkeit, die offensichtlich durch eine Wechselbeziehung zwischen innerer und äußerer Welt zustandekommt.

Zur Erleichterung des Verständnisses der nachfolgenden Überlegungen soll definiert werden, was unter den Begriffen »äußere Welt«, »innere Welt« und »Wirklichkeit« hier zu verstehen ist.

Mit der äußeren Welt ist das gesamte materielle und energetische Universum gemeint, zu dem auch wir mit unserer Körperlichkeit gehören.

Als innere Welt wird das menschliche Bewußtsein bezeichnet. Das Bewußtsein entzieht

23

sich einer wissenschaftlichen Definition, denn man braucht das Bewußtsein, um darüber nachzudenken, was Bewußtsein ist. Es kann nur umschrieben werden als rezeptives und kreatives geistiges Zentrum der menschlichen Persönlichkeit.

Es gibt zwei grundlegende Unterschiede zwischen äußerer und innerer Welt. Während nur *eine* äußere Welt existiert, ist die Zahl der inneren geistigen Welten so groß wie die der menschlichen Individuen. Ferner ist die Existenz der äußeren materiellen Welt objektiv nachweisbar, während die innere Welt eine rein subjektive geistige Erfahrung darstellt.

Und nun die Definition der Wirklichkeit, die hier gemeint ist. Es ist nicht eine transzendentale Wirklichkeit und auch nicht eine Wirklichkeit der theoretischen Physik, die sich nur mit Hilfe mathematischer Formeln ausdrücken läßt, sondern die Wirklichkeit, die man meint, wenn dieser Begriff in der Alltagssprache verwendet wird. Es ist die Welt als Ganzes, so wie wir Menschen sie mit unseren Sinnen wahrnehmen und als geistige Wesen erleben, und zu der wir selbst mit unserer körperlichen und geistigen Existenz gehören.

Die so definierte Wirklichkeit ist ohne ein erfahrendes Subjekt, ohne Ich nicht denkbar. Sie ist das Produkt einer Wechselbeziehung zwischen materiellen und energetischen Signalen, die von der Außenwelt ausgehen und dem bewußtmachenden Zentrum im Inneren des einzelnen Menschen.

Um dies anschaulich zu machen, kann man den Vorgang, durch den Wirklichkeit entsteht, mit der Entstehung von Bild und Ton bei der Fernsehübertragung vergleichen. Die materielle energetische Welt im äußeren Raum arbeitet als Sender, entsendet optische und akustische Wellen und liefert Tast-, Geschmacks- und Geruchssignale. Den Empfänger bildet das Bewußtsein im Inneren des einzelnen Menschen, wo die von den Antennen, von den Sinnesorganen empfangenen Reize in ein sinnlich und geistig erlebbares Bild der Außenwelt umgewandelt werden.

Fehlt eines von beiden, der Sender oder der Empfänger, so kommt keine menschliche Wirklichkeit zustande, gleich wie beim Fernsehen der Bildschirm ohne Bild leer und ohne Ton bleiben würde.

Im Folgenden soll nun dargelegt werden, was wir aufgrund wissenschaftlicher Erkenntnisse von der Physiologie des Menschen hinsichtlich seiner Funktion als Empfänger sowie vom Mechanismus des Empfangens und Erfahrens von Wirklichkeit wissen.

Die Antennen des menschlichen Empfängers sind unsere fünf Sinnesorgane. Die Antenne für optische Bilder aus der Außenwelt, das Auge, ist in der Lage, elektromagnetische Wellen zu empfangen und damit auf der Netzhaut ein Bild zu produzieren, welches mit dem Objekt, von dem diese Wellen ausgehen, übereinstimmt. Von dort werden die dem Bild entsprechenden nervösen Impulse durch den Sehnerv ins Sehzentrum des Gehirns geleitet, wo aus dem bis dorthin elektrophysiologisch-energetischen Geschehen das *psychische* Phänomen des Sehens resultiert.

Es ist wichtig, sich zu vergegenwärtigen, daß unser Auge und der innere psychische Bildschirm nur einen sehr kleinen Ausschnitt aus dem breiten Spektrum der elektromagnetischen Wellen ausnützen, um die Außenwelt sichtbar zu machen. Aus dem bekannten Spektrum elektromagnetischer Wellen, das Wellenlängen von Milliardstelmillimetern, die dem Bereich von Röntgenstrahlen und ultrakurzen Gammastrahlen entsprechen, bis hin zu Radiowellen von vielen Metern Länge umfaßt, spricht unser Sehapparat auf den nur sehr schmalen Bereich von 0,4 bis 0,7 Tausendstelmillimeter (0,4 bis 0,7 Millimikron) an. Nur dieser sehr begrenzte Ausschnitt kann von unserem Auge empfangen und von uns als Licht wahrgenommen werden. Alle übrigen Strahlen der grenzenlosen Gefilde elektromagnetischer Wellen im Universum existieren für das menschliche Auge nicht.

Innerhalb des sehr schmalen Spektrums der für uns sichtbaren Wellen, das wir als Licht wahrzunehmen vermögen, sind wir in der Lage, die verschiedenen Wellenlängen zwischen 0,4 und 0,7 Millimikron als verschiedene Farben zu unterscheiden.

Im Zusammenhang mit unseren Überlegungen ist es wichtig festzuhalten, daß im äußeren Raum Farben nicht existieren. Im allgemeinen ist man sich dieser fundamentalen Tatsache

nicht bewußt, obwohl man das in jedem Lehrbuch der Physiologie nachlesen kann. Was von
einem farbigen Gegenstand in der äußeren Welt
objektiv vorhanden ist, ist ausschließlich Materie, die elektromagnetische Schwingungen von
unterschiedlichen Wellenlängen aussendet.
Wenn ein Gegenstand von dem Licht, das auf
ihn fällt, Wellen von 0,4 Millimikron reflektiert,
dann sagen wir, er sei blau; sendet er Wellen von
0,7 Millimikron aus, dann beschreiben wir das
optische Erlebnis, das wir dabei haben, als rot.
Es ist aber nicht feststellbar, ob bei einer bestimmten Wellenlänge alle Menschen das gleiche Farberlebnis haben.

Die Wahrnehmung von Farbe ist ein rein psy-
chisches und subjektives Ereignis, das im inneren Raum eines Individuums stattfindet. Die farbige Welt, so wie wir sie sehen, existiert objektiv
draußen nicht, sondern sie entsteht auf dem psychischen Bildschirm im Inneren des einzelnen
Menschen.

In der akustischen Wirklichkeit bestehen entsprechende Beziehungen zwischen einem Sender im äußeren Raum und dem Empfänger im
inneren Raum. Die Antenne für akustische Signale, das Ohr, weist in seiner Funktion als Teil
des menschlichen Empfängers ebenfalls nur einen beschränkten Empfangsbereich auf. Wie die
Farben, existieren Töne objektiv nicht. Was objektiv beim Hörvorgang vorhanden ist, sind wiederum Wellen, wellengleiche Verdichtungen
und Ausdehnungen der Luft, die vom Trommel-
fell des Ohres registriert und im Gehörzentrum

des Gehirns in die *psychische* Erfahrung von Ton umgewandelt werden. Unser Empfänger für akustische Wellen reagiert auf Wellen im Bereich von 20 Schwingungen in der Sekunde, was den tiefsten Tönen entspricht, bis zu 20 000 die höchsten Töne erzeugenden Schwingungen. Langsamere und schnellere Schwingungen werden nicht wahrgenommen, sind also in der menschlichen Wirklichkeit nicht existent.

Auch die anderen Aspekte der Wirklichkeit, welche von den übrigen drei Sinnen, vom Geschmacks-, Geruchs- und Tastsinn erschlossen werden, entstehen durch eine Wechselwirkung zwischen Sendern im äußeren Raum und Empfängern im inneren Raum. Wie Farben und Töne existieren Geschmack, Geruch und Tastempfindungen objektiv nicht, das heißt, sie sind ebenfalls weder chemisch noch physikalisch feststellbar. Sie treten auch nur auf dem psychischen Bildschirm im Inneren des einzelnen Menschen in Erscheinung.

Die Geschmacksempfindung wird von gewissen molekularen Strukturen in der Nahrung hervorgerufen, die als Sender fungieren, und von Geschmacksnerven auf der Zunge, die als Antennen speziell auf diese Strukturen reagieren und die von den entsprechenden Reaktionen produzierten Impulse in das Geschmackszentrum des Gehirns weiterleiten.

Der Sender bei unserer Geruchserfahrung besteht ebenfalls aus Molekülen, Molekülen in Dampfform mit spezifischen Strukturen, auf die in der Nase Geruchsnerven als Antennen reagieren. Die von den Geruchsnerven empfangenen Signale werden im Gehirn, wie die von den Geschmacksnerven aufgenommenen, in Empfindungen von Geruch beziehungsweise von Geschmack umgewandelt.

Der Tastsinn, der primitivste und in der Evolution älteste Sinn des Menschen, reagiert auf unspezifische Weise auf feste Gegenstände im äußeren Raum, die von den Tastnerven als Antennen registriert und über Gehirnmechanismen im inneren Raum als ein weites Spektrum von Wahrnehmungen, von der zartesten Berührung bis hin zu hartem Widerstand, in Erscheinung treten. Jene Antennen, die uns die Wahrnehmung von heiß und kalt und von Schmerz und Lust vermitteln, kann man als spezialisierte Tastnerven betrachten.

Wie im Gehirn die von den Sinnesorganen, von den Antennen aus der Außenwelt empfangenen energetischen und chemischen Signale in die psychische Dimension von Empfindungen umgewandelt werden, ist und bleibt ein Geheimnis. Hier klafft eine große Lücke im menschlichen Erkenntnisvermögen.

Ein grundlegendes Merkmal unseres Bildes der Wirklichkeit, das sich aus den vorangegangenen Überlegungen ergibt, ist die ihm innewohnende Begrenzung. Diese Begrenzung liegt in der sehr schmalen Bandbreite, mit der unsere Empfänger auf hereinkommende Impulse reagieren. Welch unterschiedliche Welt würden wir sehen, spräche unsere Antenne für elektromagnetische Wellen, unser Auge, und der psychische Empfänger auf eine andere Bandbreite im Wellenspektrum an? Zum Beispiel Langwellen im Radiobereich: Dann könnten wir in andere Länder sehen; oder auf ultrakurze Röntgen-Wellen, dann kämen uns feste Gegenstände durchsichtig vor, und eine solche transparente Welt wäre für uns dann ebenso real wie unsere jetzige Welt.

Aus diesen Überlegungen folgt, daß die Welt, wie wir sie mit unseren Augen und unseren anderen Sinnesorganen wahrnehmen, eine einzig auf den Menschen zugeschnittene Wirklichkeit darstellt, bestimmt von der Fähigkeit und den Begrenzungen der menschlichen Sinne. Tiere mit ihren unterschiedlichen Sinnesorganen, mit Antennen, die auf andere Arten und andere Wellenlängen von Impulsen reagieren, sehen und erleben die Außenwelt völlig anders; sie leben in einer anderen Wirklichkeit.

Die Bienen, zum Beispiel, die mit visuellen Antennen ausgestattet sind, die auf Wellenlängen ansprechen, die im ultraroten und ultravioletten Spektrum liegen, sehen Farben, die für uns nicht existieren; Hunde, mit einem ausnehmend weiten Empfindungsspektrum ihres Geruchssinns, entdecken und genießen Gerüche, die in unserer Wirklichkeit fehlen, und die Fledermaus nimmt, unter Einsatz eines Schall-Radarsystems, ein auf Klang aufgebautes Wirklichkeitsbild wahr.

Die Metapher der Wirklichkeit als das Produkt eines Senders und eines Empfängers legt offen zutage, daß das scheinbar *objektive* Bild von der Außenwelt, welches wir als Wirklichkeit bezeichnen, tatsächlich ein *subjektives* Bild ist. Diese grundlegende Tatsache besagt, daß der Bildschirm sich nicht außen, sondern im inneren Raum eines jeden Menschen befindet. Jeder Mensch trägt im Innern sein eigenes, persönliches, von seinem privaten Empfänger erzeugtes Bild der Wirklichkeit.

Wenn nun jeder Mensch über sein eigenes individuelles Bild von der Außenwelt, von der Wirklichkeit verfügt, erhebt sich die Frage, wie wahr können diese persönlichen individuellen Bilder sein? Die Antwort lautet, sie sind alle wahr. Sie repräsentieren *die* Wahrheit, *die* Wirklichkeit der betreffenden Einzelpersonen, doch sind diese individuellen Wirklichkeiten – in einem absoluten, objektiven Sinn – nicht wahr. Hinter diesem subjektiven Bild, welches durch die Selektivität, die Trennschärfe unserer Sinnesorgane und der Kapazität unserer psychischen und geistigen Aufnahmefähigkeit begrenzt wird, jenseits des Erscheinungsbildes der Außenwelt, welches unsere Wirklichkeit darstellt, verbirgt sich eine transzendentale Wirklichkeit, deren wahres Wesen ein Geheimnis bleibt. Was wir *objektiv* über die Außenwelt wissen, unser begrenztes Wissen über das, was wir den Sender genannt haben, ist durch wissenschaftliche Forschung enthüllt worden: *Alles das, was im äußeren Raum objektiv wahrgenommen werden könnte, ist Materie und Energie;* Materie, charakterisiert durch ihre chemischen und physikalischen Eigenschaften, in zahllosen anorganischen Formen und in Form ungezählter lebender Organismen; und Energie als Strahlungs-, Wärme- und mechanische Energie. Auch hat man herausgefunden, daß Energie und Materie wechselseitig umwandelbar sind, gemäß Einsteins Formel: $E = mc^2$ (E steht für Energie, m für die kleinste Materie-Einheit, und c für Lichtgeschwindigkeit).

Die Fähigkeit, ausgewählte energetische und materielle Stimuli von dieser außen existierenden materiellen Welt in die psychische Erfahrung eines farbenprächtigen lebendigen Bildes von der Außenwelt zu transformieren – diese wunderbare Fähigkeit, die sich jeder weiteren wissenschaftlichen Deutung entzieht –, teilen wir mit den höheren Tieren. Das Bild der Außenwelt, das wir mit höheren Tieren teilen, wird erst dann zur *menschlichen* Wirklichkeit, wenn man zusätzlich das einbezieht, was Teilhard de Chardin die Noosphäre nannte, die geistige Welt.

Der Begriff Sphäre, Noosphäre, ruft die Vorstellung einer geistigen Atmosphäre, die unsichtbar um unseren Planeten fließt, hervor. Wir müssen aber erkennen, daß das, was objektiv von der Noosphäre im äußeren Raum existiert, wiederum nur Materie und Energie ist. Im äußeren Raum sind lediglich die *Symbole* des Geistes vorhanden, vor allem Schallwellen, in Form des gesprochenen Wortes und der Musik, und Materie, in Form von Büchern, die das geschriebene Wort enthalten, ferner Materie in Form menschlicher Kunstschöpfungen – Gemälde, Skulpturen, Architektur usw. Die Noosphäre, im Laufe der Evolution und Geschichte der Menschheit aus den Beiträgen unzähliger Einzelpersonen erschaffen, konnte gespeichert werden und existiert heute ausschließlich in Form dieser materiellen und energetischen Symbole im äußeren Raum. Sie wird nur im Einzelmenschen dank der Dechiffrierfähigkeit seines individuellen Empfängers im inneren Raum zu geistiger Realität.

Aus diesen Überlegungen ergibt sich die ganze Wechselbeziehung zwischen äußerer materieller Welt, dem Sender, und innerer geistiger Welt, dem Empfänger. Für die Entstehung dessen, was wir als Wirklichkeit bezeichnen, sind beide als untrennbare Faktoren notwendig.

Die Sender/Empfänger-Metapher der Realität enthüllt die grundlegende Tatsache, daß Wirklichkeit kein fest umrissener Zustand ist, sondern das Ergebnis von kontinuierlichen Prozessen, bestehend aus einem kontinuierlichen Input von materiellen und energetischen Signalen aus dem äußeren Raum und ihrer kontinuierlichen Dechiffrierung, das heißt Umwandlung in psychische Erfahrungen, im inneren Raum. Wirklichkeit ist also ein dynamischer Prozeß, sie entsteht stets neu in jedem Augenblick.

Eigentliche Wirklichkeit gibt es also nur im Hier und Jetzt, im Augenblick. Das erklärt, warum das Kind, das viel mehr im Augenblick lebt als der Erwachsene, ein wirklicheres Bild der Welt wahrnimmt; es lebt in einer Welt, der mehr Wirklichkeit, mehr Wahrheit zukommt.

Das Erleben der wahren Wirklichkeit im Augenblick ist ein Hauptanliegen der Mystik. Hier treffen sich kindliches und mystisches Erleben. Dazu hier ein Gedicht aus der Barockzeit von Andreas Gryphius (1616–1664):

Mein sind die Jahre nicht,
   die mir die Zeit genommen
Mein sind die Jahre nicht,
   die etwa möchten kommen
Der Augenblick ist mein,
   und nehm ich den in acht
So ist *Der* mein,
   der Zeit und Ewigkeit gemacht

Wäre die Wirklichkeit nicht das Ergebnis von kontinuierlichen Veränderungen, sondern ein stationärer Zustand, dann gäbe es nicht nur keinen Augenblick, sondern überhaupt keine Zeit, denn Zeitempfindung entsteht nur durch Wahrnehmung von Veränderung. Der prozeßhafte Charakter der Wirklichkeit schafft die Zeit. Ohne Wirklichkeit gäbe es keine Zeit, nicht umgekehrt. Das Sender-Empfänger-Konzept der Wirklichkeit verschafft auch Einsicht in das Wesen der Zeit.

Die Auffassung der Wirklichkeit als Produkt von Sender und Empfänger erweist sich aber in besonders bedeutungsvoller Hinsicht aufschlußreich durch den Hinweis auf den Anteil des Empfängers, des einzelnen Menschen, an der Wirklichkeitsbildung. Sie bringt uns die weltenschöpferische Potenz, die jedem Individuum zukommt, voll zum Bewußtsein. Jeder Mensch ist der Schöpfer seiner eigenen Welt, denn einzig und allein in ihm wird die Erde und das bunte Leben auf ihr, werden die Sterne und der Himmel Wirklichkeit.

In dieser wahrhaft kosmogonischen Fähigkeit, sich die eigene Welt zu erschaffen, liegt die eigentliche Freiheit und Verantwortung eines jeden Menschen.

Wenn ich erkannt habe, was in der Wirklichkeit objektiv außen ist und was subjektiv in mir geschieht, dann weiß ich besser, was ich in meinem Leben ändern kann, wo ich die Wahl habe und somit, für was ich verantwortlich bin, und andererseits, was außerhalb meines Willens liegt und als unveränderliche Gegebenheit hingenommen werden muß. Diese Klärung meiner Zuständigkeit ist eine unschätzbare Lebenshilfe. Ich habe die Wahl, aus dem unendlichen Programm des großen Senders das zu empfangen, was mir beliebt; das heißt, jene Aspekte der Schöpfung in mein Bewußtsein aufzunehmen und ihnen damit Wirklichkeit zu geben, die mich beglücken, oder andere, die mich deprimieren. *Ich* bin es, der das helle und das dunkle Bild der Welt erschafft. *Ich* bin es, der den Gegenständen, die objektiv in der Außenwelt nur geformte Materie sind, nicht nur ihre Farbe, sondern, durch meine Zuwendung und Liebe, auch ihre Bedeutung gibt. Das gilt nicht nur für das Bild der leblosen Umwelt, sondern auch für die lebenden Geschöpfe, für Pflanzen und Tiere, und auch für meine Mitmenschen. In einem Gedicht von Franz Werfel ist das so formuliert: »Alles ist, wenn du liebst! Dein Freund wird Sokrates, wenn du's ihm gibst.«

So wie ich Empfänger bin für die Botschaft meines Mitmenschen, so bin ich umgekehrt für ihn, als materiell in seiner Außenwelt stehend, Sender. Ich kann ihm mein Anliegen, auch ein rein geistiges, einen Gedanken oder meine Liebe nur durch das, was den Sender charakterisiert, nämlich über Materie und Energie, durch meinen Körper übermitteln. Auch wortloses Einverständnis, das sich durch den Blick oder zartes Berühren ausdrückt, kann eben nur durch materielle Augen, materielle Finger, durch die materiellen Körper der sich liebenden Partner ausgedrückt werden. Ohne Materie und Energie wäre keine Kommunikation möglich.

Wir sind uns gegenseitig Sender und Empfänger, aber auch hier entsteht das Bild des Senders erst im Empfänger. Wir erfahren es zur Genüge, daß von ein und derselben Person die anderen Menschen ein ganz verschiedenes Bild in sich tragen. Welches ist das wahre? Das kann objektiv nicht entschieden werden, weil es kein objektiv im äußeren Raum schwebendes Bild gibt, denn im äußeren Raum sind von der betreffenden Person objektiv auch nur gestaltete Materie und energetische Phänomene vorhanden.

Auch mein eigener Körper gehört auch für mich zur Außenwelt. Ich kann ihn sehen und auch mit den anderen Sinnen wahrnehmen. Ebenso gehören meine Sinnesorgane, die Antennen des Empfängers Ich, als Materie und Energie zur Außenwelt. Das ist nicht nur einleuchtend, was Augen und Ohren betrifft; auch die Nervenbahnen, die von ihnen ins Gehirn führen, sind Materie und ebenso das Gehirn selbst. Die elektrischen Ströme und Impulse, die in den Nervenbahnen die Signale von der Außenwelt ins Gehirn leiten und auch im Gehirn weiterwirken, sind als energetische Phänomene objektivierbar, meßbar, also auch noch dem Sender zuzuordnen. Dann aber folgt die große, schon erwähnte Lücke in unserem Wissen: Der Übergang vom materiell-energetischen Geschehen zum immateriellen, nicht mehr objektivierbaren, subjektiven psychisch-geistigen Bild, zum subjektiven Wahrnehmen und Erleben. Diese Wissenslücke ist gleichzeitig die Nahtstelle zwischen Sender und Empfänger, an der sie ineinander übergehen und sich zur Ganzheit des Lebendigen vereinen.

Die Sender/Empfänger-Metapher der Wirklichkeit scheint einem dualistischen Weltkonzept zu entsprechen: Äußerer Raum und innerer Raum, objektiver Sender und subjektiver Empfänger. Dieser dualistische Aspekt geht aber in einer allumfassenden transzendentalen Wirklichkeit auf, wenn wir die *Evolution* menschlicher Wirklichkeit, das heißt, die Evolution des Menschen, bis zum Ursprung zurückverfolgen.

Beginnen wir also mit der Suche nach dem Ursprung unserer *körperlichen* Existenz, unserer *materiellen* Seite, die in unserer Metapher zum Sender gehört.

Die Herkunft unseres Körpers aus der Kombination von Ei und Samenzelle ist hinlänglich bekannt, ebenso seine Entwicklung im Uterus, seine Geburt und sein Wachstum aufgrund der Stoffwechselprozesse. Kann man aber die Kombination aus Samenzelle und Ei als den eigentlichen Ursprung unserer materiellen, unserer körperlichen Existenz betrachten? Ei und Samenzelle entspringen ja nicht aus dem Nichts, sie stammen von den Eltern, und das bedeutet, daß von den Eltern zum Kind eine Übertragung von Materie stattfindet. Und die Eltern entstehen ebenfalls aus Ei und Samenzelle ihrer Eltern und so weiter, durch unzählige Generationen hindurch. Es ist offensichtlich, daß es eine ununterbrochene materielle Verbindung gibt zwischen jedem menschlichen Wesen unserer Zeit mit allen seinen Vorfahren – und noch weiter zurück in der Evolution, bis hin zum Ursprung lebender Materie überhaupt, zur Urzelle.

Diese Überlegungen zeigen, daß wir, sogar auf der materiellen Ebene, mit unseren Mitmenschen und allen lebenden Organismen, mit Tieren und Pflanzen verwandt sind.

Wir können mit den Fragen nach dem Ursprung fortfahren und über die Herkunft der Urzelle nachdenken. Diese muß durch Urzeugung entstanden sein, das heißt, daß am Anfang der Evolution aus lebloser Materie, aus Atomen und Molekülen, die erste lebende Zelle, die Urzelle gestaltet wurde.

Diese Grenze zwischen lebloser und lebender

Materie bildet auch jene Grenze, wo wissenschaftlich fundiertes Denken aufhört und das Reich der Vorstellung und des Glaubens beginnt. An dieser Stelle erhebt sich die Frage, ob sich die Bildung der Urzelle auf einen Zufall zurückführen läßt, bei dem eine große Zahl von Molekülen aufeinandertrafen und die hochorganisierte Zellstruktur formten, oder ob die Zelle nach einem Plan entstand; die Frage stellt sich: Ist der Ursprung des Lebens ein zufälliges, rein materielles oder ein geplantes, das heißt geistiges Ereignis? Es scheint unvorstellbar, wie ein solch kompliziertes, in hohem Grad strukturiertes und organisiertes Gebilde wie eine Zelle rein zufällig entstanden sein könnte. Es scheint offensichtlich – genau hier aber setzt der Glaube ein –, daß die Urzelle bei ihrer Entstehung einem Plan folgte. Die Urzelle enthält in ihrem Zellkern wiederum einen Plan, den Plan zur Selbstreproduktion, das eigentliche Merkmal des Lebens. Ein Plan verkörpert eine Idee, und eine Idee ist Geist.

Tatsächlich sind schon die Atome, das Baumaterial der Urzelle, gleich wie diese, schon hochorganisierte Gebilde. Sie stellen eine Art Mikrokosmos dar, den man sich nicht als Produkt eines Zufalls vorstellen kann.

Es ist eine bemerkenswerte Tatsache, daß die kleinste strukturierte Einheit lebloser Materie, das Atom, und die kleinste strukturierte Einheit lebender Organismen, die Zelle, einen ähnlichen Bauplan aufweisen. Beide setzen sich aus Hülle und Kern zusammen. Der Kern stellt in beiden, in den Atomen und in den Zellen, den wesentlichsten Bestandteil dar. Im Atomkern konzentrieren sich die charakteristischen Merkmale von Materie, Masse und Schwerkraft, und der Zellkern enthält in seinen Chromosomen die grundlegenden Elemente des Lebens, den genetischen Code, die Erbfaktoren.

Da die Annahme, der Ursprung derart hochentwickelter Formen, wie das Atom und die Zelle, könne nicht dem Zufall zugeschrieben werden, für den Glauben an einen geistigen Ursprung und Hintergrund des Universums entscheidend ist, soll diese Annahme durch eine augenfällige Metapher erhärtet werden. Als ein Beispiel für die Entstehung einer organisierten Form kann man den Bau einer Kathedrale heranziehen; aber es ließen sich zu diesem Zweck zahllose andere Beispiele finden.

Angenommen, irgendwo läge das ganze Baumaterial für die Errichtung einer Kathedrale herum, auch die technischen Einrichtungen und die nötige Energie wären vorhanden. Ohne die Idee eines Architekten, ohne seine Pläne und seine Anleitung würde eine Kathedrale niemals entstehen.

Solche Überlegungen müssen für die Entstehung des Atoms und der lebenden Zellen, die noch wesentlich kompliziertere, um vieles ausgeklügeltere Gebilde als eine Kathedrale sind, ebenfalls Gültigkeit haben.

Wenn nicht einmal bei einer Zelle, der kleinsten Einheit lebender Organismen, eine zufällige Entstehung denkbar ist, um so weniger ist dies bei all den zahllosen höheren Lebensformen des Pflanzen- und Tierreichs der Fall. Für die Folgerichtigkeit dieser Überlegungen ist es völlig nebensächlich, ob die Evolution von primitiven zu Blüten tragenden Pflanzen, von Reptilien zu Vögeln, den Säugetieren, sich schrittweise mutierend vollzog oder durch sprunghafte große Veränderungen; ebenso ist es gänzlich unwichtig, in welchen Zeiträumen dies geschah, *weil jeder neue lebende Organismus die Realisation, die Umsetzung eines Planes, einer neuen Idee in die Wirklichkeit verkörpert.*

Noch einmal möchte ich auf die Metapher der Kathedrale zurückgreifen. Genauso wie die Kathedrale die Idee und den Geist ihres Architekten ausstrahlt, wird in jedem lebenden Organismus die Idee und der Geist seines Schöpfers sichtbar. Je differenzierter, komplizierter und hochentwickelter die Form einer Schöpfung ist, desto größerer geistiger Gehalt kann durch sie zum Ausdruck gebracht werden.

Der am höchsten entwickelte, differenzierteste, komplizierteste Organismus der Evolution ist der Mensch; das heißt, daß Menschen mehr über ihren Schöpfer aussagen als alle anderen Kreaturen. Das menschliche Gehirn mit seinen vierzehn Milliarden Nervenzellen, von denen jede einzelne mit sechshunderttausend anderen Nervenzellen verbunden ist, stellt die allerkomplizierteste, die höchstorganisierte Lebensform in dem uns bekannten Universum dar. Das geistige Element, welches den Geist seines Schöpfers selbst in der Urzelle durch ihre Idee und ihren Bauplan manifestiert, hat im menschlichen Gehirn seine höchste und erhabenste Entfaltung erreicht. Es hat im menschlichen Geist, den wir in unserer Metapher »Empfänger« nennen, seine bisherige Vollkommenheit erlangt. Die geistigen Fähigkeiten haben sich im menschlichen Empfänger zu einem Ausmaß entwickelt, daß dieser nun in der Lage ist, sich seiner selbst bewußt zu sein. Im Menschen, dem höchstentwikkelten Teil der Schöpfung, wird die Schöpfung sich ihrer selbst bewußt.

In unserer Sender/Empfänger-Metapher kann dies wie folgt ausgedrückt werden: Als Materie ist das menschliche Gehirn Teil des materiellen Universums, und damit ist das Gehirn Teil des Senders. Aber die Idee und der Bauplan des Gehirns sind zu jener geistigen Fähigkeit entwickelt, die wir als Empfänger definiert haben. Das heißt, daß Materie und Geist, Sender und Empfänger, im menschlichen Gehirn miteinander verschmolzen sind, daß der Dualismus Sender/Empfänger in Wirklichkeit nicht existiert. Sender und Empfänger sind nichts anderes als geistige Konstruktionen unseres Intellekts – nützliche, wertvolle Mittel, die in den vorangegangenen Überlegungen zum *rationalen* Verständnis des *Mechanismus,* aufgrund dessen menschliche Wirklichkeit entsteht, benutzt werden.

Die Sender/Empfänger-Metapher der Realität demonstriert die Notwendigkeit, daß eine Idee, um existent, um im äußeren Raum Wirklichkeit zu werden, in irgendeiner Form von

Materie und Energie zum Ausdruck gebracht werden muß. Und sie zeigt, daß jede im äußeren Raum erschaffene Form vom Atom bis zur lebenden Zelle, bis zu den unzähligen Formen lebender Organismen im Tier- und Pflanzenreich, von Blumen und Menschen, von den Planeten bis zu den Sonnen, zu den Galaxien, daß jede einzelne dieser erschaffenen Formen die Verwirklichung einer Idee darstellt. Die Frage nach dem Ursprung aller dieser Ideen zu stellen, nach dem Schöpfer-Geist, der alle diese Formen hervorbrachte und durchdringt, heißt, die Frage nach dem Ursprung allen Seins zu stellen.

In der Schöpfungsgeschichte des Johannes heißt es: »Im Anfang war das Wort, und das Wort war bei Gott, und Gott war das Wort.« Die Übersetzung »Wort« für das im Original stehende griechische »Logos« ist umstritten. »Logos« könnte man auch mit »Idee« übersetzen. »Im Anfang war die Idee ...«

Eine tiefere Einsicht in die Entstehung der Schöpfung als die des heiligen Johannes ist von der Menschheit in den vergangenen zweitausend Jahren nicht gewonnen worden. Basierend auf wissenschaftlicher Forschung und rationalem Denken kamen wir in den vorangehenden Überlegungen zu demselben Schluß: Eine göttliche Idee als Ursprung und Träger der Schöpfung.

»Idee« ist sprachwissenschaftlich mit »Eidos« (griech. Bild) verbunden. Eine neue Idee ist die spontane Erscheinung eines inneren Bildes von etwas, das vorher nicht existierte. Der Ursprung jedes kreativen Prozesses ist eine Idee. Unsere Fähigkeit, neue Ideen zu haben, das heißt schöpferisch zu sein, ist die Gabe, die wir mit dem Schöpfer der allerersten, der ursprünglichen Idee teilen, der Idee, aus der heraus die Welt geboren wurde. Diese Gabe ist unser göttliches Erbe.

Unsere Reflexionen über das Wesen der Wirklichkeit, unter Zuhilfenahme der Sender/Empfänger-Metapher, haben uns zu den Urfragen des Seins geführt.

Zum Schluß dieser Betrachtungen über das Wesen der Wirklichkeit möchte ich auf ihren Nutzen im täglichen Leben eingehen, auf die Hilfe, die sie sein können für ein besseres Verständnis unserer Stellung als Menschen innerhalb der Schöpfung.

Da die Schöpfung die materielle Form, die Manifestation, die Verwirklichung der göttlichen Idee darstellt, sendet die Schöpfung, in unserer Metapher der Sender, ununterbrochen die göttliche Idee aus. Die Schöpfung enthält die Botschaft, *ist* die Botschaft ihres Schöpfers an seine Geschöpfe, die sie empfangen können, an die Menschen.

Der große Arzt, Naturwissenschaftler und Philosoph der Renaissance, Paracelsus, dem Radio und Fernsehen noch unbekannt waren, gebrauchte eine andere Metapher, um dieser Tatsache Ausdruck zu verleihen. Er nannte die Schöpfung ein Buch, das der Finger Gottes geschrieben hat, welches zu lesen wir lernen müs-

44

sen. Anstatt aber dieses Buch, welches die Offenbarung aus *erster Hand* enthält, zu studieren, halten wir uns meistens an von Menschenhand verfaßte Texte. Anstatt unsere Sinne, unseren Verstand zu öffnen für die Botschaft der Unendlichkeit des Sternenhimmels und der Schönheit unserer Erde mit all ihren wunderbaren Kreaturen im Pflanzen- und Tierreich, verharren wir bei unseren persönlichen Problemen, eingekapselt in eine enge, egoistische Weltschau. Wir vergessen darüber das Allerwichtigste, daß wir aufgrund unserer körperlichen und geistigen Existenz Teil der göttlichen Schöpfung und des alles durchdringenden Geistes sind, und daß jeder einzelne von uns »alleiniger Erbe der ganzen Welt« ist. Diese Wahrheit, die einschließt, daß es keine Schranke gibt zwischen Subjekt und Objekt, zwischen dem Ich und dem Du, daß Dualismus eine Konstruktion unseres Intellekts ist – diese Wahrheit wird bei unseren Reflexionen über das, was Wirklichkeit ist, unter Zuhilfenahme der Sender/Empfänger-Metapher offenbar.

Wahrheit aber, die allein das Ergebnis von Denkvorgängen, von rationalen Überlegungen ist, ist nicht effektiv genug, um in unserem Leben zu einem entscheidenden Faktor zu werden. Nur wenn Wahrheit von einer existentiellen, emotionalen Erfahrung begleitet ist, wird diese stark genug, um unsere Weltsicht beeinflussen und verändern zu können. Emotionale Bestätigung einer Wahrheit läßt sich durch Meditation erreichen. Meditation strebt die Abschaffung der

Subjekt/Objekt-, der Ich/Du-Barriere an, um den Dualismus zu überwinden.

Aus diesem Grund kann das Sender/Empfänger-Konzept der Wirklichkeit, welches Einsicht in den Ursprung der Subjekt/Objekt-Spaltung gewährt und diesen Dualismus als eine Konstruktion unseres Intellekts aufdeckt, ein nützlicher Gegenstand der Meditation sein.

Die gefühlsmäßige Erfahrung der Aufhebung des Subjekt/Objekt-Dualismus leitet über in eine Geistesverfassung, die man kosmisches Bewußtsein oder, in der christlichen Überlieferung, *Unio Mystica* bezeichnet. Sie mag sich als Ergebnis von Meditation allein einstellen oder von Meditation verbunden mit Yoga, Atemtechnik oder entheogenen Drogen, oder spontan als Gnade. Sie besteht in der visionären Erfahrung einer tieferen, Sender/Empfänger umfassenden Realität.

Unser Sender/Empfänger-Konzept der Wirklichkeit kann uns helfen, diese außergewöhnliche Geistesverfassung, das kosmische Bewußtsein, die *Unio Mystica* verstandesmäßig zu deuten.

Zunächst enthüllt es uns, daß die mystische Schau keine Sinnestäuschung ist, sondern die Offenbarung eines anderen Aspekts der Wirklichkeit.

Mit dem alltäglichen Bewußtsein sehen und erfahren wir lediglich einen kleinen Bruchteil der Außenwelt, des Senders; im mystischen Gemütszustand – wenn der Empfänger auf volle Wahrnehmungsbreite eingestellt ist –, werden wir uns, simultan, eines unendlich erweiterten äußeren und inneren Universums bewußt. Die von unserem Intellekt errichtete Grenze zwischen Ego und Außenwelt löst sich auf, und Außen- und Innenraum verschmelzen ineinander. Die Unendlichkeit des äußeren Raums wird nun auch im inneren Raum erlebt. Der unbegrenzte Raum steht jetzt offen für eine unbegrenzte Zahl hereinströmender Bilder wie auch für Bilder aus der Vergangenheit, Erlebnisse, die sich während eines ganzen Lebens angesammelt haben – alte Bilder, die wegen des begrenzten Raums im Bewußtsein, im Unterbewußtsein gespeichert worden waren. Alle diese inneren Bilder werden zu neuem Leben erweckt und verschmelzen mit den neu einströmenden.

Dieses äußerst intensive Erleben zahlloser neuer und alter Sinneswahrnehmungen und Empfindungen im ineinander aufgehenden inneren und äußeren Raum erzeugt ein Gefühl von Unendlichkeit und Zeitlosigkeit, von ewigwährendem Hier und Jetzt. Der Körper, der im gewöhnlichen Bewußtseinszustand als von der Außenwelt getrennt empfunden wird, wird jetzt als mit der Schöpfung vereint erlebt, als Teil des Universums, was er ja tatsächlich ist, und dies gibt ein Gefühl der Geborgenheit auch in Hinsicht auf die *körperliche* Existenz.

In einem solchen ekstatischen Zustand sind Sender und Empfänger, äußere materielle und innere geistige Welt, äußerer und innerer Raum miteinander verschmolzen, sind im Bewußtsein vereint; und so entsteht eine Ahnung von der ursprünglichen Idee, der Idee, die im Anfang war, die bei Gott war, und die Gott war.

Eine visionäre Erfahrung mit der Intensität des kosmischen Bewußtseins oder *Unio Mystica* ist zeitlich begrenzt. Sie kann eine Sekunde dauern, ein paar Minuten, selten mehrere Stunden. In diesem außergewöhnlichen Zustand ist man nicht in der Lage, in der äußeren Welt irgendeiner Tätigkeit nachzugehen. Um unsere täglichen Pflichten erfüllen zu können, sind offenbar eine begrenzte Wahrnehmungsfähigkeit und ein eingeengtes Bewußtsein nötig. Um im Alltag zu überleben, müssen wir unsere Aufmerksamkeit auf unsere Tätigkeit und die Umgebung, in der wir unsere jeweiligen Aufgaben zu erfüllen haben, konzentrieren.

Von Zeit zu Zeit jedoch benötigen wir eine Vision, einen Überblick über unser Leben und einen Einblick in dessen geistigen Urgrund, um unseren Platz im Universum und unsere Alltagspflichten und Probleme in der rechten Sicht und Bedeutung wahrzunehmen.

Aus diesem Grund machen es sich heute mehr und mehr Menschen zur Gewohnheit, die tägliche Arbeit und rastlose Tätigkeit zu unterbrechen, um ein paar Minuten, eine Stunde oder länger zu meditieren. Das Ziel einer solchen Meditation ist es nicht, jedesmal den Höhepunkt visionärer Erfahrung, die *Unio Mystica* zu erlangen. Das Ziel einer solchen Meditation kann sein, eine tiefere Einsicht in die Wechselbeziehung von innerem und äußerem Raum, von innerer subjektiver und äußerer objektiver Welt zu erlangen und damit der Existenz der transpersonalen, Sender und Empfänger, Subjekt und Objekt, Schöpfer und Schöpfung, allumfassenden Wirklichkeit gewahr zu werden, was uns mit Vertrauen, mit Liebe, mit Kraft und Ruhe erfüllen kann.

Geborgenheit im naturwissenschaftlich-philosophischen Weltbild

Durch den Fortschritt der Naturwissenschaften wird die Ganzheit der Welt und unser Einssein mit ihr unserem Geist immer klarer. Wenn diese Erkenntnis von der vollkommenen Einheit nicht nur eine intellektuelle Erkenntnis ist, wenn sie unser ganzes Sein erschließt für ein helles Allbewußtsein, dann wird es zu strahlender Freude, zu einer allumfassenden Liebe.

Rabindranath Tagore (1861–1941)
in »Sadhana«

Daß in der Natur ein Künstler waltet, dessen Werke zwar offenbar sind, in dessen Werkstatt jedoch kein erschaffener Geist dringt, bedarf des Beweises nicht. Wir sehen es bestätigt, wohin sich das Auge wende, an jedem Mückenflügel, jedem Grashalm, jeder Schneeflocke.

Ernst Jünger in »Das Spanische Mondhorn«

Allen Zuständen des Glücklichseins liegt Geborgenheit, im weitesten Sinne dieses Begriffes, zugrunde. Man kennt das Glück der Geborgenheit im Elternhaus, in der Familie, in einer Freundschaft. Auch Zugehörigkeit zu kleinen und großen Gemeinschaften beruflicher, politischer, kultureller oder religiöser Art vermag ein Gefühl von Geborgenheit zu geben, das mit Glücklichsein verbunden ist. Umgekehrt hängt Unglücklichsein meistens mit Ungeschütztheit, Abgetrenntsein, Einsamkeit, Verlorenheit zusammen.

Dieser Zusammenhang von Geborgenheit mit Glück gilt nicht nur für das Einzelschicksal des Menschen, sondern für ganze Kulturepochen. Hier geht es um die Geborgenheit, die das in einem bestimmten Abschnitt der Menschheitsgeschichte gültige, das Lebensgefühl in umfassender Weise bestimmende Weltbild den Menschen zu bieten vermag.

Im folgenden versuche ich aufzuzeigen, daß die bergende Macht eines Weltbildes vor allem auf dem darin zur Geltung kommenden Verhältnis des Menschen zur Schöpfung, besonders zur lebenden Natur, beruht. Es ist wohl so, daß die Schwierigkeiten und unlösbar scheinenden Probleme der Gegenwart auf geistigem, sozialem, wirtschaftlichem und ökologischem Gebiet auf ein gestörtes Verhältnis des Menschen zur Natur als ihre gemeinsame und letzte Ursache zurückzuführen sind. Das heute in der westlichen Industriegesellschaft gültige einseitig materialistische naturwissenschaftliche Weltbild vermag keine Geborgenheit zu bieten, weil darin die Verbundenheit, ja Eingeschlossenheit des Menschen in die lebendige Natur nicht zum Ausdruck kommt. Wie durch eine entsprechende Ergänzung und Vertiefung des naturwissenschaftlichen Weltbildes dieser Mangel zu beheben wäre, möchte ich aufgrund eigener Erfahrungen als persönliche Ansichten darlegen.

In allen Kulturkreisen ist in Form von Mythen die Erinnerung an eine vorgeschichtliche Zeit, an eine Welt erhalten geblieben, in der alle Menschen in Geborgenheit glücklich, frei aller Sorgen und Mühen im Überfluß lebten. Das war das Goldene Zeitalter, von dem Hesiod zu berichten weiß; oder in der jüdisch-christlichen Überlieferung die Menschheitsepoche vor der Vertreibung aus dem Paradies. Damals war der Mensch noch ganz eins mit der Schöpfung, als ein Teil derselben ihr zugehörig, in ihr geborgen. Die Welt war ein Garten, ein Paradiesgarten, in dem alle Geschöpfe in Harmonie lebten, und der Mensch ohne Mühsal und Arbeit Nahrung und alles, dessen er bedurfte, vorfand.

Ob die Menschen in jener vorgeschichtlichen Epoche tatsächlich so glücklich waren, wie in den Mythen geschildert wird, bleibe dahingestellt; sicher ist jedoch, daß schon zu der Zeit, als die Mythen aufgezeichnet wurden, bereits keine paradiesischen Zustände mehr herrschten, denn sonst hätte man ihren Verlust ja gar nicht wahrnehmen können. Bei den antiken Autoren, denen wir die Aufzeichnung der Mythen verdanken, war bereits ein geschichtliches Bewußtsein lebendig, das heißt die Fähigkeit, das Weltbild ihrer Zeit mit dem einer vergangenen Menschheitsepoche zu vergleichen. Diese Fähigkeit, die kritische Distanz zum zeitlichen Geschehen voraussetzt, kennzeichnete bereits eine neue Entwicklungsstufe des menschlichen Bewußtseins.

Es war wohl der Eintritt in diese neue Bewußtseinsstufe, was im biblischen Gleichnis vom Sündenfall dargestellt wird. Die Erfüllung des Versprechens der Schlange: »Ihr werdet sein wie Gott, wissend, was gut und was böse ist«, spaltete im menschlichen Bewußtsein die Einheit von Schöpfung und Geschöpf. Mit der ihm verliehenen neuen Fähigkeit des Unterscheidens und bewußten Erkennens wurde der Mensch verantwortlicher Herr seines Handelns, verlor aber dabei die Geborgenheit, die im unbewußten Einssein mit der Schöpfung bestanden hatte. Das war die Vertreibung aus dem Paradies.

Aus der alles im Überfluß spendenden Natur des Paradiesgartens vertrieben, begann der jetzt auf sich selbst gestellte, nunmehr auf die Früchte seiner Arbeit angewiesene, schutzlos gewordene Mensch Siedlungen, Städte zu bauen. Hier liegen die Anfänge der Kulturgeschichte, die im

Wesentlichen eine Geschichte von städtischen Kulturen ist. In und mit den Städten sind die großen Kulturen entstanden und untergegangen. Wo immer auf der Erde es keine Städte gab, ist die Zeit geschichtslos verstrichen.

Während die Städte über Jahrtausende Orte waren, in denen die Bevölkerung Schutz vor den Unbilden der Natur und vor dem Feind fand und in deren Geborgenheit sich Zivilisationen und Kulturen entwickeln konnten, haben sich in der Neuzeit auf der ganzen Erde Zweck und Charakter, vor allem der großen Städte, von Grund auf geändert. Aus Wohn- und Kulturzentren sind Verkehrs- und Industriezentren geworden. Die moderne Großstadt bietet den Einwohnern keinen Schutz mehr vor dem Feind, sondern zieht im Gegenteil sein Waffenpotential an; und von Geborgenheit kann beim Lärm und bei der allgemeinen Verschmutzung in den Industriestädten keine Rede mehr sein. Aber das kulturelle Leben ist nach wie vor in den Städten konzentriert, und die Weltgeschichte wird auch heute immer noch in den Großstädten von den dort wohnenden, jetzt in Ungeborgenheit und Bedrohung lebenden Menschen gemacht. Unsicherheit, Angst, Unzufriedenheit, innere Leere, Aggressivität nehmen im sozialen, kulturellen und politischen Leben überhand.

Wo liegen die Anfänge dieser Entwicklung, die zu diesem Wandel der Wohnstätte des Menschen, zu einem Wandel des Antlitzes der Erde, zum heutigen Weltbild, zum heutigen Wirklichkeitsbewußtsein geführt hat? – Sie liegen zeitlich im 17. Jahrhundert und örtlich in Europa. Hier ist damals eine ganz dem Meßbaren zugewandte Naturforschung aufgekommen, der es gelang, die physikalischen und chemischen Gesetze im Bau der materiellen Welt aufzuklären. Ihre Kenntnisse ermöglichte eine vorher nie dagewesene Nutzung der Natur und ihrer Kräfte. Sie führte zu der heute weltweiten Industrialisierung und Technisierung fast aller Lebensbereiche, die einerseits einem Teil der Menschheit einen früher kaum vorstellbaren Komfort im täglichen Leben und materiellen Wohlstand gebracht hat, anderseits aber den angeführten Wandel der Städte aus Wohn- und Kulturzentren in Verkehrs- und Industriezentren und eine katastrophale Zerstörung von natürlicher Umwelt zur Folge hatte.

Warum gerade der europäische Geist diese Naturwissenschaft hervorgebracht hat, warum gerade er zu dieser Leistung befähigt war, dürfte damit zu erklären sein, daß sich hier die bewußtseinsmäßige Trennung von Individuum und Umwelt offenbar früher als in anderen Kulturkreisen herausgebildet hat. Denn ein Ich, das fähig ist, sich der Außenwelt gegenüberzustellen, das die Welt als Gegenstand, als Objekt zu betrachten vermag, dieser der Objektivierung der Außenwelt fähige Geist war die Voraussetzung für die Entstehung der westlichen, wissenschaftlichen Naturforschung. Schon in den ersten Dokumenten naturwissenschaftlichen Denkens, in den kosmologischen Theorien der griechischen vorsokratischen Philosophen, war diese gegenständliche Weltsicht wirksam. Diese Stellung des Menschen der Natur gegenüber, von der aus eine durchgreifende Naturbeherrschung möglich wurde, hat dann im 17. Jahrhundert Descartes erstmals klar formuliert und philosophisch begründet.

In den Anfängen ihrer neuzeitlichen Entwicklung lag der Naturforschung noch ein religiöses Weltbild zugrunde. Der Forscher trat der Natur als einer vom Geist Gottes belebten Schöpfung gegenüber. Paracelsus bezeichnete die Natur als ein »Buch, das der Finger Gottes geschrieben hat,« und das zu entziffern die Aufgabe des Naturforschers war. Kepler erkannte in den Gesetzen von den Planetenbahnen die Harmonie der von Gott geschaffenen Welt, und in keinem der alten botanischen Werke vergaß der Autor, den Schöpfer für die Wunder der Pflanzenwelt zu preisen.

Die entscheidende, folgenschwere Wendung trat ein, als nach den großen, umwälzenden Entdeckungen von Galilei und Newton die Forschung sich immer einseitiger den quantitativen, meßbaren Aspekten der Natur zuwandte. Die qualitative, ganzheitliche Betrachtungsweise, für die sich Goethe am Beispiel seiner Farbenlehre einsetzte, geriet immer mehr in den Hintergrund. Die quantitativen Methoden der Naturforschung, die sich nicht mehr der direkten Beobachtung bedienten, verlangten für ihre Messungen zusehends kompliziertere und raffiniertere Apparaturen. Diese lieferten vom Beobachter weitgehend unabhängige, objektive Resultate, was die bewußtseinsmäßige Trennung von Subjekt und Objekt zusätzlich förderte. Die sich mit dem meßbaren Aspekt der Natur befassenden Disziplinen, Physik und Chemie, nahmen einen gewaltigen Aufschwung. Physikalische und chemische Methoden fanden Eingang auch in andere Gebiete der Naturwissenschaft, in Biologie, Botanik und Zoologie. Die Naturwissenschaften wurden als exakte Wissenschaften von den Geisteswissenschaften abgegrenzt, und es wurde ihnen der Reproduzierbarkeit und Objektivierbarkeit ihrer Ergebnisse wegen ein erkenntnistheoretischer Vorrang zuerkannt. Die großartigen Erfolge der Naturforschung, vor allem auf den Gebieten der Physik und Chemie, die Einblicke in den Makrokosmos und Mikrokosmos unserer Welt vermittelten, besonders aber die praktische Verwertbarkeit ihrer Erfindungen und Entdeckungen, auf denen sich dann die unser Zeitalter prägenden Technologien und Industrien aufbauten, haben dem aus dieser Naturforschung hervorgegangenen materialistischen Weltbild zum Sieg verholfen. Dieses Weltbild ist der Glaube, der Mythos unserer Zeit geworden.

Im gleichen Maße haben religiöse Weltbilder im allgemeinen Bewußtsein an Glaubwürdigkeit verloren. Kirchlicher Glaube wird wohl noch nach außen demonstriert; religiöse Dogmen und Ethik gelten offiziell im persönlichen wie im öffentlichen Leben immer noch als Richtlinien. Aber die Bereiche des Glaubens und des handfesten Wissens sind getrennt, und die Praxis wird von Letzterem bestimmt. Selbst wenn ein Staatspräsident auf die Bibel schwört, vertraut er aber doch nur auf die Realität der Atombombe und trifft danach seine weltpolitischen Entscheidungen. Wie weit heute nur noch die von der Technik geschaffene und beherrschte Welt als real gilt, das heißt, für das praktische Leben von Bedeutung, zeigt sich auch daran, daß besonders Naturschützer, die in der ursprünglichen Natur unsere wahre, wirkliche Heimat sehen und an ihre Kräfte glauben, meistens immer noch als Hinterweltler angesehen werden.

Die im Vorangegangenen versuchte kurze Darlegung, wie es zur heutigen Weltsituation gekommen ist, könnte durch nochmalige Herbeiziehung des biblischen Bildes vom Sündenfall zusammengefaßt werden.

Nach der Vertreibung aus der Geborgenheit des Paradiesgartens in Ungeschütztheit und Selbstverantwortung wurde dem mit erweitertem Erkenntnisvermögen ausgestatteten Menschen die Verfügungsgewalt über die Erde und alle ihre Schätze verliehen. »Machet euch die Erde untertan.« Aber anstatt seine neue Wohnstätte in einen *irdischen* Paradiesgarten zu verwandeln, um darin neue Geborgenheit zu finden, hat der Mensch, den göttlichen Auftrag falsch verstehend, unter Mißbrauch der neu erlangten geistigen Fähigkeiten, die Erde verwüstet und ist daran, sie völlig unbewohnbar zu machen.

Muß die Entwicklung in dieser Richtung weiterlaufen und die Zerstörung der inneren und äußeren Welt sich noch mehr ausbreiten? Pessimistische Prognosen häufen sich. Feststeht, daß es keine Rückentwicklung gibt, daß nur eine Vorwärtsentwicklung, eine Weiterentwicklung des geistesgeschichtlich erreichten, heutigen Bewußtseinsstandes und des ihm zugehörigen naturwissenschaftlichen Weltbildes möglich ist. Ebensowenig läßt sich die technisch-industrielle Zivilisation rückgängig machen, sondern es könnte nur ihrer Weiterentwicklung eine andere Zielsetzung, ein neuer Sinn gegeben werden.

Voraussetzung und Grundlage für eine Wendung zum Guten müßte die Heilung von der »europäischen Schicksalsneurose« sein, wie Gottfried Benn das gespaltene Wirklichkeitsbewußtsein bezeichnet hat. Es müßte wieder ein Bild der Wirklichkeit im allgemeinen Bewußtsein lebendig werden, in dem das Individuum sich nicht mehr getrennt von der Außenwelt, sondern eins mit der Schöpfung erlebt.

Es gilt zu erkennen, daß der einseitige Glaube an das naturwissenschaftliche Weltbild auf einem folgenschweren Irrtum beruht. Alles, was es beinhaltet, ist zwar wahr, aber dieser Inhalt stellt nur die Hälfte der Wirklichkeit, nur ihren materiellen, quantifizierbaren Teil dar. Alle physikalisch und chemisch nicht faßbaren, geistigen Dimensionen der Wirklichkeit, zu denen die wesentlichen Merkmale des Lebendigen gehören, fehlen. Diese müssen als zu ergänzende Hälfte dem naturwissenschaftlichen Weltbild integriert werden, damit das Bild der vollen, lebendigen Wirklichkeit entsteht, zu der auch der Mensch mit seiner Geistigkeit gehört. Im bewußten Erleben dieser vollen Wirklichkeit ist die Spaltung zwischen Individuum und Umwelt, zwischen Mensch und Schöpfung aufgehoben. Das wäre die Heilung von der »europäischen Schicksalsneurose«. Ein solches mit den Dimensionen des Lebendigen ergänztes, meditativ vertieftes naturwissenschaftliches Weltbild vermöchte wieder Geborgenheit zu geben.

Es geht also nicht darum, die Gültigkeit des naturwissenschaftlichen Weltbildes zu bestreiten und den Wert der messenden Naturforschung herabzumindern, sondern nur darum, ihre titanenhafte Einäugigkeit zu erkennen. Es wird hier im Gegenteil die Ansicht vertreten, daß das naturwissenschaftliche Weltbild die einzige solide, feste Basis ist, auf der aufgebaut werden kann, und auf der es daher im Geistigen wie im Materiellen weiterzubauen gilt. Das gewaltige Material an substantiellem Wissen, die tiefen Einblicke in den materiellen Bau der Welt, der Erde und ihrer lebendigen Organismen sind unbestreitbar großartige Errungenschaften und Leistungen des forschenden Geistes, die nicht übergangen werden können. Die dadurch bewirkte Erweiterung des Wirklichkeitsbewußtseins, die nicht zur Ablösung, sondern zur Vertiefung eines religiösen Weltbildes führen muß, kann nicht rückgängig gemacht werden.

Im folgenden möchte ich ausführen, wie mein Weltbild durch meine Kenntnisse und Erkenntnisse als Naturwissenschaftler beeinflußt worden ist. Da die folgenden Betrachtungen somit zur Hauptsache persönliche Ansichten und Einsichten widerspiegeln, das Subjektive darin also ein wichtiger Faktor ist, scheinen mir vorgängig einige Angaben über das Subjekt, über meine Person, angezeigt.

Als Knabe hatte ich auf meinen Streifzügen durch Wald und Feld des öfteren mystische Naturerlebnisse. Eine Blumenwiese, eine durchsonnte Stelle im Wald, irgendein Ort in der gewohnten Umgebung erschien auf einmal in einer eigenartigen Klarheit. Es war, als ob die Bäume, die Blumen mir nun ihr wahres Wesen offenbaren wollten, und ich fühlte mich in einem unbeschreiblichen Glücksgefühl mit ihnen verbunden. Diese Erlebnisse, obwohl sie meistens nur von ganz kurzer Dauer waren, prägten sich mir tief ein. Sie waren es, die nicht nur meine Liebe zur Pflanzenwelt weckten, sondern sogar mein ganzes Weltbild in seinen Grundzügen bestimmten, indem sie mir das Vorhandensein einer dem Alltagsblick entzogenen, allesumfassenden, bergenden, tiefbeglückenden Wirklichkeit offenbarten.

Dieses Interesse am Problem der Wirklichkeit, die sich primär als materielle Wirklichkeit darstellt, war der Grund, weshalb ich mich entschloß, Chemie zu studieren, obwohl ich die Lateinmatura hinter mir hatte, die als Basis für das Studium von Geisteswissenschaften galt. Weiter spielte bei der Wahl des Chemiestudiums der Wunsch mit, Halt in einem festen, unwiderlegbaren Wissensgebiet zu finden. In Philosophie, Geschichte, Literatur usw. stehen Meinung gegen Meinung, Anschauung gegen Anschauung, denn alle Systeme des Geistes sind diskutierbar. Unwiderlegbar ist dagegen die materielle Welt, und die ihr innewohnenden Gesetze stehen fest. Die Wissenschaft, die Einblick in diesen handgreiflichen, festen, aber im Grunde doch so mysteriösen Teil unserer Welt, in die Materie, gibt, ist die Chemie.

Die Chemie gilt im allgemeinen als die materialistischste der Wissenschaften. Materialistisch oder materiell ist aber nur der Gegenstand der Chemie, die Materie, nicht aber ihr wissenschaftlich-methodisches Forschen, das wie alles wissenschaftliche Forschen geistiger Natur ist.

Hier möchte ich eine Zwischenbemerkung machen, die das Bild der Naturwissenschaften, besonders der Chemie, im allgemeinen Bewußtsein betrifft. Halbwissen hat zu einer falschen Vorstellung vom Wesen und von der Bedeutung der Naturwissenschaften geführt. Es sind die Massenmedien, die in unserer Zeit zur Hauptsache die Meinungen und Anschauungen weltweit und uniform bestimmen. Was von ihnen als Wissen, man nennt es heute Information, vermittelt wird, ist meistens nur teilweise richtig, ist oberflächlich und nicht auf Wahrheit und Wirklichkeit, sondern in erster Linie auf Sensation ausgerichtet. Die Sendungen müssen sich gut verkaufen. Was sich der Laie zum Beispiel unter Chemie vorstellt, hat größtenteils mit Chemie als Wissenschaft gar nichts zu tun. Das Cliché des Chemikers ist der bebrillte Mann im weißen Labormantel, der im Reagenzglas etwas Geheimnisvolles mischt. Er ist der Giftmischer par excellence. Schon in dieser Vorstellung kommt die allgemein verbreitete irrtümliche Auffassung vom Wesen der Chemie zum Ausdruck. Der Gift*mischer* wäre Physiker, nicht Chemiker, denn Mischen ist ein physikalischer Vorgang. Die Chemie fängt erst dort an, wo *Umwandlung* von Stoffen, von Materie im Spiel ist. Ferner erschöpft sich in der volkstümlichen Auffassung der Begriff der Chemie mit dem Bild der chemischen Industrie und dem mit ihr verbundenen Gestank und der Umweltverschmutzung. Der erkenntnistheoretischen Bedeutung der Chemie als Wissenschaft vom Bau der ganzen sichtbaren, materiellen Welt ist sich nur eine kleine Minderheit der Bevölkerung bewußt.

Soweit meine Zwischenbemerkung über die falschen Vorstellungen vom Wesen der Chemie, die auch für die anderen Naturwissenschaften gilt. Sie schien mir nötig, weil sich darin ein Halbwissen zeigt, das vor allem schuld ist an der falschen Bewertung des naturwissenschaftlichen Weltbildes.

Das Studium der Chemie erfüllte meine Erwartungen. Es öffnete den Blick ins Innere, in den unsichtbaren Bau der sichtbaren Welt: in die molekularen und atomaren Strukturen und in den Mikrokosmos der Atome. Ich lernte, daß das Mineralreich, die Pflanzen- und die Tierwelt, der Mensch eingeschlossen, aus den gleichen wenigen Elementen bestehen. Von den insgesamt 92 bekannten Atomen ist die weitaus größere Zahl nur in Spuren vorhanden. Es sind nur etwa ein Dutzend Elemente, die maßgebend am Bau der Erde und ihrer Biosphäre beteiligt sind; Wasserstoff, Sauerstoff, Kohlenstoff, Stickstoff, Silizium, Kalzium, Strontium, Phosphor, Schwefel, Eisen, Nickel, Mangan, Natrium, Kalium, um die wichtigsten zu nennen. Wenn man von den Atomen weiter auf ihre gemeinsamen Bausteine zurückgeht, auf die den Atomkern bildenden Protonen und Neutronen und die den Kern umkreisenden Elektronen, dann reduziert sich die Zahl der Bausteine der ganzen Welt auf drei.

Die Reduktion der Welt auf wenige tote Elemente *als ihre letzte Wirklichkeit* ist zur Grundlage einer materialistischen Weltanschauung genommen worden. Darin kommt eine ungeheure Überschätzung der Rolle der Materie in der Schöpfung zum Ausdruck. Es heißt nichts anderes als das Wunder einer Kathedrale auf die Anzahl und Qualität der verwendeten Bausteine reduzieren, indem man ihren Bauplan, ihre Schönheit, ihren Sinn nicht zur Kenntnis nimmt, und folglich auch keinen Grund sieht, an einen Architekten zu denken. Dazu kommt noch, daß der Kathedrale die Dimensionen des Lebendigen fehlen, so daß der Vergleich noch gar nicht die ganze Größe der unzulässigen Reduktion des Wesens der Schöpfung auf die Ebene der Chemie zum Ausdruck bringt.

Es ist schwer verständlich, warum nicht gerade von seiten der Chemiker, die doch wissen müßten, was im Bereich der Chemie liegt und die ihre Grenzen kennen sollten, das auf die Ebene der Chemie reduzierte materialistische Weltbild nicht vermehrt angegriffen wird. Tatsächlich sind es auch eher Biologen, die der Chemie zuviel zutrauen, und die in ihrem rationalen Bestreben versuchen, die Phänomene des Lebens auf chemische Reaktionen zurückzuführen.

Als unbegreifliches Beispiel möchte ich hier nur den Nobelpreisträger Jacques Monod erwähnen, der mit seinem Buch *Zufall und Notwendigkeit,* das sich durch Unwissenschaftlichkeit und Arroganz auszeichnet, bei naturwissenschaftlich Halbgebildeten großen Schaden angerichtet hat.

Hier liegt ein wesentlicher Punkt meiner Darlegungen. Ich möchte zeigen, daß es die unterschiedliche Beurteilung der *Rolle* der Chemie im naturwissenschaftlichen Weltbild ist, an der sich die Geister scheiden. Auf der einen Seite die Chemie und ihre Gesetze als *letzter ursächlicher Grund* für die Entstehung der sichtbaren Welt, auf der anderen Seite die Rolle der Chemie als die Wissenschaft vom *Baumaterial,* dessen sich eine geistige Macht für den Bau der Schöpfung in ihrer bunten Mannigfaltigkeit bediente.

Nun möchte ich an einigen Überlegungen zeigen, wie es bei mir vor allem meine Kenntnisse als Chemiker waren, die mir ein naturwissenschaftliches Weltbild erschlossen, das mir Geborgenheit gibt.

Wenn ich im Garten oder auf einem Spaziergang vor einer Pflanze stehe, sie meditierend betrachte, dann sehe ich nicht nur, was auch der Nichtchemiker sieht, ihre Gestalt, ihre Farbe, ihre Schönheit, sondern es drängen sich mir zudem Gedanken auf über ihren inneren Bau, ihr inneres Leben und die chemischen und physikalischen Vorgänge, die ihm zugrunde liegen. Es sind unzählige einzelne chemische Verbindungen, aus denen die Pflanze aufgebaut ist. Ich kann mir ihre chemischen Formeln vorstellen. Um nur einige zu nennen: der Aufbau der Gerüstsubstanz, der Zellulose aus Zuckerresten, dann die komplexe Formel des Blattgrüns, des Chlorophylls, die aus mehreren stickstoffhaltigen Kohlenwasserstoff-Ringen und einem zentralen Magnesium-Atom besteht, ferner die Strukturformel der Farbstoffe in der Blüte, zum Beispiel die Formel eines blauen Farbstoffes, eines Anthocyans. Man kann die meisten dieser Pflanzenbestandteile auch künstlich, durch chemische Synthese herstellen. Ich kenne den hierzu nötigen Aufwand im Laboratorium, den Aufbau aus reaktiven Atomgruppen über viele Zwischenstufen, bei hohen oder tiefen Temperaturen je nach Art der betreffend chemischen Reaktion, zum Teil im Vakuum, zum Teil bei hohem Druck, usw. Der Chemiker, der die Hauptarbeit bei der Strukturaufklärung des Chlorophylls mit einer ganzen Schule von Assistenten und Studenten geleistet hat, Professor Hans Fischer in München, erhielt dafür seinerzeit den Nobelpreis und der vor einigen Jahren verstorbene Harvard-Professor Robert Woodward, dem schließlich die Totalsynthese des Chlorophylls gelang, wurde ebenfalls mit dem Nobelpreis ausgezeichnet. Auch mein verehrter Lehrer und

Doktorvater Professor Paul Karrer, der in den zwanziger und dreißiger Jahren am Zürcher Universitätsinstitut sich mit der Strukturaufklärung und Synthese von Blütenfarbstoffen, mit den Anthocyanen und Carotinoiden befaßte, erhielt für diese Arbeiten den Nobelpreis. Und alle diese Leistungen waren nur möglich auf der Grundlage der von vorangegangenen Generationen von Chemikern erarbeiteten Kenntnisse. Ich erwähne das, um zu zeigen, was für eine gewaltige chemische Leistung hinter der Synthese jedes einzelnen der sehr vielen Stoffe steht, aus denen die Pflanze sich aufbaut.

Und zu dieser Leistung ist jedes Gräslein fähig. In aller Stille und Bescheidenheit, mit Licht als einziger Energiequelle, stellt es diese Stoffe her, für deren Synthese die Arbeit von Hunderten von Chemikern über viele Jahre nicht ausreichen würde. Da muß der Chemiker staunen.

Aber immerhin, es ist Chemie, deren Gesetze wir heute kennen, die wir nachvollziehen können, wenn auch mit ungeheurem Aufwand und unter Aufbietung all unserer Künste.

Aber bei der Betrachtung der Pflanze, der gerade meine Aufmerksamkeit gilt, drängen sich mir noch andere Gedanken auf. Sie betreffen die Art und Weise, *wie die Chemie in Dienst gestellt wird,* und die man nicht mehr erklären, nur noch beschreiben kann. Ort und Zeit kommen hier ins Spiel, die mit Chemie nichts mehr zu tun haben. Jeder der unzähligen synthetischen Prozesse muß ja an einem bestimmten Ort und zu einer ganz bestimmten Zeit ablaufen, damit die vorbestimmte individuelle äußere Gestalt und der innere Bau der Pflanze, ihre verschiedenen Organe mit ihren differenzierten Funktionen, sich bilden können. Zur Chemie kommen hier noch vielfältige physikalische Vorgänge und Kräfte, wie Diffusion, Adsorption, kapillare Phänomene. Das alles ist undenkbar ohne Bauplan und ohne koordinierende Instanz.

Dazu geben Zellphysiologie und Molekularbiologie eine Erklärung. Der Bauplan ist vorprogrammiert im Chromosomensatz des Zellkerns. Er ist dort mittels der vier Buchstaben des genetischen Codes, mittels der vier verschiedenen DNS-Moleküle aufgeschrieben.

Es sind dies großartige Einblicke der Naturforschung in einen wunderbaren Mechanismus. Wichtig ist aber, daß man einsieht, daß damit nur der Mechanismus aufgeklärt ist; man kennt die vier Buchstaben des biologischen Alphabets. Die entscheidende Frage nach dem Ursprung des Textes aber bleibt offen. Ferner ist zu bedenken, daß chemische Strukturen, wie es die Nukleinsäuregebilde der DNS darstellen, naturgemäß nur den Chemismus dirigieren können, aber nicht das Gestalthafte eines Organismus.

Schließlich möchte ich noch auf eine dritte Art von Überlegungen eingehen, die sich mir als Chemiker bei der Meditation im Garten oder auf dem Waldgang einstellen. Sie kreisen um die Verwandtschaft im chemischen Bau zwischen dem menschlichen und dem pflanzlichen Organismus und die darin zum Ausdruck kommende Eingebautheit des Menschen im Biokosmos.

Jeder höhere Organismus, gleich ob Pflanze, Tier oder Mensch, nimmt seinen Ausgang von einer einzigen Zelle, von der befruchteten Eizelle. Die kleinsten Einheiten des Lebendigen, aus denen sich die Organismen aufbauen, sind die Zellen. Die pflanzlichen und die tierischen und menschlichen Zellen weisen nicht nur eine gleichartige Struktur auf, bestehend aus dem die Chromosomen bergenden Zellkern, der im Protoplasma eingebettet ist, und der das Ganze einhüllenden Zellmembran, sondern sie besitzen auch eine weitgehend gleiche chemische Zusammensetzung. Bei aller unendlichen Variation im chemischen Bau der verschiedenen Organteile und Gewebearten sind es die gleichen Klassen von organischen chemischen Verbindungen, die an der stofflichen Zusammensetzung des tierischen und menschlichen Körpers wie der Pflanze beteiligt sind. Im Pflanzen- wie im Tierreich sind es Eiweiße, Kohlenhydrate, Fette, Phosphatide usw., die aus den gleichen einfacheren Bausteinen, den Aminosäuren, Zuckern, Fettsäuren, usw., zusammengesetzt sind, die zur Hauptsache dem stofflichen Bau der Organismen zugrunde liegen.

Diese Einheit der stofflichen Zusammensetzung steht im Zusammenhang mit dem großen metabolischen und energetischen Kreislauf alles Lebendigen, in dem Pflanzen-, Tier- und Menschenreich zusammengeschlossen sind. Die Energie, die diesen Kreislauf des Lebens in Gang hält, stammt von der Sonne. Es ist primär Kernenergie, die durch Kernfusion bei der Umwand-

71

lung von Materie in Strahlungsenergie entsteht, die das Tagesgestirn in Form von Licht auf die Erde sendet. Die Pflanze, der grüne Teppich der Pflanzenwelt, vermag in mütterlicher Empfänglichkeit diesen immateriellen Energiestrom in sich aufzunehmen und in Form von chemisch gebundener Energie zu speichern. Bei diesem Vorgang wandelt die Pflanze mit Hilfe des Blattgrüns, des Chlorophylls, als Katalysator und Licht als Energiequelle, anorganische Materie, Wasser und Kohlensäure in organische Substanz um. Dieser als Assimilation der Kohlensäure bezeichnete Prozeß liefert die organischen Bausteine – Zucker, Kohlenhydrate, Aminosäuren, Proteine, usw. – für den Aufbau der Pflanze, und damit auch der tierischen Organismen. *Alle Lebensprozesse beruhen energetisch auf dieser Lichtnahme durch die Pflanze.* Wenn im menschlichen Organismus die aus der Pflanze stammenden Nährstoffe zur Gewinnung der für die Lebensprozesse nötigen Energie verbrannt werden, vollzieht sich der umgekehrte Prozeß wie bei der Assimilation: die organischen Nährstoffe werden in anorganische Materie, in Wasser und Kohlensäure zurückverwandelt unter Freigabe der gleichen Menge der ursprünglich als Licht aufgenommenen Energie. Auch der Denkprozeß des menschlichen Gehirns wird von dieser Energie gespeist, *so daß also der menschliche Geist, unser Bewußtsein, die höchste, sublimste energetische Umwandlungsstufe von Licht darstellt.*

Ich habe mir erlaubt, diese grundlegenden naturwissenschaftlichen Erkenntnisse, Fakten, die man in jedem elementaren Lehrbuch der Biologie nachlesen kann, zu rekapitulieren, eben weil sie gerade ihrer allgemeinen Bekanntheit wegen kaum mehr gebührend bedacht werden. Es ist ein Lehrstoff, den man nur rein intellektuell zur Kenntnis nimmt. Mondlandung, Weltraumfahrt, Science-fiction-Bücher und -Filme, in denen die lebendige Natur gar nicht mehr vorkommt, beschäftigen Gemüt und Fantasie der Menschen unserer Industriegesellschaft mehr und bestimmen ihr Weltbild und ihr Wirklichkeitsbewußtsein.

Dem Naturverbundenen aber, der diese naturwissenschaftlichen Befunde im Bewußtsein meditativ lebendig werden läßt, erscheint der Baum, die Blume, die er gerade betrachtet, nicht mehr nur in gegenständlicher Schönheit, sondern er fühlt sich mit ihnen als durch Licht erschaffene Lebewesen mitgeschöpflich zutiefst verbunden.

Es geht hier nicht um sentimentale Naturschwärmerei, um ein »Zurück zur Natur« im Rousseauschen Sinne. Jene romantische Strömung, die in der Natur die Idylle suchte, erklärt sich vielmehr ebenfalls aus dem Gefühl des Menschen, von der Natur getrennt gewesen zu sein.

Was ich am Beispiel des Verhältnisses zur Pflanzenwelt zu schildern versucht habe, ist ein elementares Erleben der tatsächlich bestehenden Einheit alles Lebendigen, ein Bewußtwerden der Geborgenheit im gemeinsamen Schöpfungsgrund. Die Gelegenheiten zu solchem beglückendem Erleben werden immer seltener, je mehr die ursprüngliche Flora und Fauna der Erde einer toten technischen Umwelt weichen muß.

Ebenfalls nicht in den Bereich von Naturschwärmerei gehören die früher erwähnten, für mich so bedeutsamen Erlebnisse meiner Jugend, wenn plötzlich Wald und Wiese in unerklärlicher Verzauberung erschien. Es war, wie ich heute weiß, vielmehr das Licht der Wirklichkeit von Einbezogensein in den mit der Pflanzenwelt gemeinsamen Lebensgrund, das im kindlich offenen Gemüt diese Verzauberung hervorrief.

Im Vorangegangenen habe ich versucht, aus der Sicht des Chemikers zu zeigen, daß die Erkenntnisse der naturwissenschaftlichen Forschung nicht zu einem materialistischen Weltbild führen müssen. Im Gegenteil, wenn sie recht verstanden und meditativ betrachtet werden, weisen sie unumgänglich auf einen nicht weiter erklärbaren geistigen Urgrund der Schöpfung, auf das Wunder, auf das Mysterium – im Mikrokosmos des Atoms, im Makrokosmos der Spiralnebel, im Samenkorn der Pflanze, im Leib und in der Seele des Menschen –, auf das Göttliche.

Die meditative Betrachtung beginnt in jener Tiefe der objektiven Wirklichkeit, bis zu der gegenständliches Wissen und Erkennen vorgedrungen ist. Meditation bedeutet also nicht Abwendung von der objektiven Wirklichkeit, sondern sie besteht im Gegenteil in einem vertieften, erkennenden Eindringen; sie ist nicht Flucht in Mystizismus, sondern sie sucht durch gleichzeitiges stereoskopisches Betrachten der Oberfläche und Tiefe der objektiven Wirklichkeit nach ihrer umfassenden Wahrheit.

Aus der durch Meditation vertieften Betrachtung der naturwissenschaftlichen Erkenntnisse kann sich ein neues Wirklichkeitsbewußtsein entwickeln. Dieses könnte zur Grundlage einer neuen Spiritualität werden, die nicht auf dem Glauben an die Dogmen der verschiedenen Religionen, sondern auf Erkenntnis in einem höheren und tieferen Sinn beruht. Gemeint ist ein Erkennen, ein Lesen und Verstehen *des Textes aus erster Hand* »aus dem Buch, das der Finger Gottes geschrieben hat«, wie Paracelsus die Schöpfung genannt hat.

So gilt es die von der naturwissenschaftlichen Forschung aufgeklärten Naturgesetze als das zu erkennen, was sie wirklich sind, nämlich nicht primär Anweisungen und Mittel zur Ausbeutung der Natur, sondern Offenbarungen vom metaphysischen Bauplan der Schöpfung. Sie machen die Einheit alles Lebendigen im gemeinsamen geistigen Urgrund offenbar.

Eine andere bedeutsame, die Stellung des Menschen in der Schöpfung betreffende Erkenntnis ergibt sich aus dem hierarchischen Aufbau alles Seienden, den die naturwissenschaftliche Forschung aufgeklärt hat. Es ist die Hierarchie im Aufbau sowohl im Anorganischen aus den Elementarteilchen, über die Atome, Moleküle, Gesteine, Planeten, Sonnen bis zu den

Galaxien, als auch im Bereich des Lebendigen, von der Zelle über die Gewebe, Organe, Organverbände bis zu den fertigen Organismen. Daraus wird die Doppelfunktion alles Seienden ersichtlich, einerseits als eigenständiges Ganzes und anderseits als Teil einer höheren Ordnung. Um die Aufgabe als Teil einer höheren Ordnung erfüllen zu können, wohnt allen Einheiten das Streben und die Kraft nach der eigenen Vollkommenheit inne. Hier wird die Verpflichtung jedes einzelnen Menschen zur Arbeit an sich selber als Naturgesetz, also als metaphysische Offenbarung sichtbar – die Verpflichtung, die verliehenen Fähigkeiten zu vervollkommnen und das Wissen, und damit das Bewußtsein zu erweitern, um seine Bestimmung und Aufgabe als an der Schöpfung teilhabendes Geistwesen erfüllen zu können.

Wenn in dieser Bestimmung als letztes Ziel Glückseligkeit eingeschlossen ist, wie Thomas von Aquin es formuliert hat: Ultima finis vitae humanae beatitudo est – und Glück Geborgenheit voraussetzt, dann könnte aus der bisherigen Entwicklung der Menschheit der Sinn abgelesen werden, daß sie sich aus dem schattenhaften Glück der Geborgenheit in einem traumhaften Seinszustand, wie es die Mythen in vorgeschichtlicher Zeit annehmen, in das Glück eines vollbewußten, hellen Seins in Freiheit und Selbstverantwortung entwickeln soll.

Wohl ist heute ein hohes Maß an Bewußtheit und an Freiheit erreicht, das wir den Erkenntnissen der naturwissenschaftlichen Forschung und

76

ihrer technischen Anwendung verdanken. Es gilt nun auch noch der verlorengegangenen Geborgenheit in der Schöpfung, als Voraussetzung von allem wahren Glück, wieder bewußt zu werden; es gilt wieder zu erkennen, was der Mensch in titanischer Überheblichkeit übersah, daß wir im gemeinsamen schöpferischen Urgrund alles Lebendigen verwurzelt und geborgen sind.

Wenn diese Erkenntnis ins allgemeine Bewußtsein eingehen würde, dann könnte es geschehen, daß die naturwissenschaftliche Forschung und die bisherigen Zerstörer der Natur, Technik und Industrie, eingesetzt werden, um unsere Erde wieder in das zurückzuverwandeln, was sie einst war – in einen irdischen Paradiesgarten.

Das könnte dann – anstelle von utopischen Weltraumfahrtprojekten, von irrsinnigen Rüstungsprogrammen und von sinnlosen Kämpfen um militärische und wirtschaftliche Vormachtstellung – ein völkerverbindendes, wirkliches Glück verheißendes Menschheitsziel werden, aus dem sich für alle heute so verfahrenen wirtschaftlichen, sozialen und kulturellen Bestrebungen neue richtunggebende, sinnvolle Maßstäbe ableiten ließen.

Über den Besitz

*Du wirst dich der Welt nicht eher erfreuen können,
als bis du das Meer in deinen Adern fließen fühlst,
als bis du dich mit dem Himmel bekleidest und mit
den Sternen krönst und dich als den einzigen Erben
der ganzen Welt betrachtest – und mehr als das,
denn es leben Menschen in ihr, die, wie du, die einzigen Erben sind.*
   Thomas Traherne (1638–1674)
   in »Jahrhunderte der Meditation«

Es ist unterhaltsam und aufschlußreich, über die ursprüngliche Bedeutung der Wörter nachzudenken. Sie sind aus einer unmittelbaren Erfahrung der Wirklichkeit entstanden und beziehen sich auf elementare Gegebenheiten und Tätigkeiten unseres Daseins. Sie besitzen daher vom Ursprung her einen bildhaften Charakter. Dieser hat sich dann im Laufe der Zeit durch den Gebrauch, wie das Bildnis auf einer Münze, abgeschliffen, das schließlich nur noch bei genauer Betrachtung erkennbar ist.

Dieser Wandel wird am Beispiel des Wortes »Besitz« sehr anschaulich. Das zugehörige Tätigkeitswort »besitzen« bezieht sich auf den Vorgang des »sich auf etwas setzen«. Ich be-sitze einen Stuhl, heißt ursprünglich, ich setze mich auf den Stuhl. Er wird dadurch zu meinem Besitz. Er ist zu *meinem* Stuhl geworden, wenn auch nicht juristisch, so doch in dem Sinn, daß er mein Stuhl ist, zum Unterschied von anderen Stühlen, auf denen andere Personen Platz genommen haben.

In sehr frühen menschlichen Gemeinschaften, als dieses Wort entstanden ist, meinte Besitz wohl eben nur das, was man persönlich benützen konnte. Es war in erster Linie das Pferd, das man be-saß, das, neben den anderen Gebrauchsgegenständen des täglichen Lebens, bei Völkern, die noch ein nomadenhaftes Dasein führten, den Besitz ausmachte. Seither haben Besitz und besitzen einen viel umfassenderen und auch einen symbolhaften Sinn bekommen. Seit es den juristischen Begriff von Eigentum gibt, als die rechtliche Anerkennung und den gesetzlichen Schutz von Besitz, ist es möglich geworden, mehr Eigentum zu erwerben, als man im ursprünglichen Sinn besitzen, also persönlich nutzen kann.

Mit dieser Möglichkeit wurde der Keim zu einem bedeutenden Teil der menschlichen Tragödie gelegt. Da Eigentum Verfügungsgewalt über den Besitz beinhaltet und somit auch Macht bedeutet, ergibt sich aus der Anhäufung von Eigentum auch eine Ansammlung von Macht. Machtstreben, Machterwerb, Machtausübung im positiven Sinn und Machtmißbrauch sind schicksalsbestimmende Faktoren im persönlichen Leben und im weltpolitischen Geschehen.

Dieser Zusammenhang von Eigentum und Macht ist der Grund für die Abschaffung des Privateigentums im kommunistischen Staat. Damit vergrößerte sich das Staatseigentum und dementsprechend wuchs die Staatsmacht. Aber auch in den kapitalistischen Ländern wird die Macht effektiv von Gruppierungen ausgeübt, in denen sich gewaltiges Eigentum angesammelt hat.

Die auf Eigentum beruhende Macht hat wenig zu tun mit menschlichem Glück; sie ist diesem eher abträglich. Hier soll deshalb weniger über den Besitz mit Eigentumscharakter, also in seiner Beziehung zu Macht, nachgedacht werden, als vielmehr über Besitz im ursprünglichen Sinn, in seiner existentiellen Bedeutung für den einzelnen Menschen. Besitz wird juristisch definiert als tatsächliche Herrschaft einer Person über eine Sache, was heißt, daß sie mit diesem Gegenstand tun kann, was sie will, daß sie ihn nach Belieben benützen und verwenden kann. Ich kann auch etwas besitzen, was nicht mein Eigentum ist; wenn ich ein geliehenes oder gestohlenes Werkzeug in meiner Werkstatt liegen habe und es nach Belieben benütze, ist dieses Werkzeug in meinem Besitz, es ist aber nicht mein Eigentum. Auch das Umgekehrte ist möglich; man kann etwas sein Eigentum nennen, das man nicht besitzt, oder gar nicht besitzen kann, wenn unter besitzen immer eine Art von Nutzung im weitesten Sinn, eine aktive oder rezeptive Beziehung zum Objekt verstanden wird.

Eigentum ist erst dann auch Besitz, wenn eine existentielle Beziehung zwischen Eigentümer und Eigentum besteht. Besitz wird erst durch eine abstrakte Beziehung, durch die rechtliche Zuschreibung zu Eigentum.

Dieser fundamentale Unterschied zwischen Eigentum und Besitz zeigt sich auch darin, daß es zu Besitz ein Tätigkeitswort, besitzen, gibt, zu Eigentum aber nicht.

Viel fruchtloses Bemühen, viel Streit, viel Unzufriedenheit würden verschwinden, und entsprechend mehr Gleichmut, Frohsinn, Glück könnten einziehen, wenn man, allgemein sich dieses Unterschiedes bewußt, mehr nach wahrem Besitz als nach Eigentum streben würde. Was damit gemeint ist, bringt ein chinesischer Aphorismus in knappster Form zum Ausdruck: »Der Herr sagte: Mein Garten ... – und sein Gärtner lächelte.«

Der Herr kann mit Recht zu seinen Freunden von *seinem* Garten sprechen, denn er ist sein Eigentum. Aber vielleicht ist er dort kaum jemals anzutreffen. Oder er geht wohl gelegentlich dort spazieren und zeigt seinem Besuch diese oder jene besonders schöne Pflanze und den neuerstellten Pavillon; aber er hat keine tiefere Beziehung zu seinem Garten. Für seinen Gärtner hingegen ist dieser Garten das Lebenselement. Er lebt in ihm und mit ihm. Er hat die Bäume gepflanzt, er hat die Blumenbeete hergerichtet, er kennt jede einzelne Blume, jede einzelne Pflanze. Er pflegt sie mit Liebe, beobachtet ihr Wachstum, ihr Blühen und Vergehen. Er kennt den Garten in der Frische des Morgentaus, er geht beim Einnachten nochmals durch die Beete, wenn manche Blumen ihren Duft besonders stark verströmen, und in der Mittagshitze verschläft er sein Ruhestündchen gerne im Pavillon. Er liebt diesen Garten von ganzem Herzen. Er ist es, der den Garten von früh bis spät »besetzt«; er ist sein wahrer Besitzer. Es ist *sein* Garten, und deshalb lächelt er, wenn sein Herr sagt: »Mein Garten ...«

Noch augenfälliger als im vorigen Beispiel von Herr und Gärtner, wo der Eigentümer doch auch die Möglichkeit hat, den Garten zu genießen, zu besitzen, wird der Unterschied von Eigentümer und Besitzer, wenn es um große Ländereien geht. Man braucht nicht Eigentümer von den Wiesen, Feldern und Wäldern zu sein, die man durchstreift, um sich an den Blumen am Wegrand, um sich am Rauschen der Bäume und an allem anderen, das solche Ausflüge für Auge und Ohr noch bieten, freuen zu können.

Die Wälder der Gegend, in der zu wohnen ich das Glück habe, sind Eigentum teils der umliegenden Gemeinden, teils einer privaten Stiftung. Auf meinen fast täglichen ausgedehnten Waldgängen begegne ich höchst selten einem Menschen, nie aber den Gemeinden oder der Stiftung. Ich erlebe den Wald mit den Vögeln, den Rehen und all den anderen Tieren, die ihn bewohnen.

Wenn gelegentlich doch ein einsamer Spaziergänger des Weges kommt, begrüßen wir uns, und das geschieht kaum jemals ohne den Austausch von ein paar freundlichen Worten, in denen die Sympathie zwischen zwei Menschen mitschwingt, von denen jeder vom anderen weiß, daß er der Besitzer dieses Waldes ist.

Am Waldrand, in der Nähe der Landesgrenze, steht ein alter Grenzstein. Auf der einen Seite trägt er das Wappen des benachbarten Klosters Mariastein, dem die Waldwiese, auf der unser Haus steht, über mehrere Jahrhunderte gehörte. Auf der anderen, Frankreich zugekehrten Seite, ist als Flachrelief noch deutlich das Wappen zu erkennen, das kein Geringerer als der große französische Staatsmann Jules Mazarin (1602–

1661) führte. Als Anerkennung seiner großen Verdienste um das Zustandekommen des sogenannten Pyrenäenfriedens zwischen Frankreich und Spanien erhielt er von Ludwig XIV. die Grafschaft Pfirt und weitere umliegende Besitzungen des Sundgaus. Der von Habsucht getriebene Staatsmann, der als einer der reichsten Männer Europas galt, starb, ohne je seinen Fuß auf seine elsässischen Besitzungen gesetzt zu haben.

Das Illusorische von solcher Art von Besitztum, das eben nur Eigentum, kein eigentlicher Besitz ist, zeigt sich hier beispielhaft. Dem Landstreicher, der sich in der schönen Gegend herumtrieb, gehörte das Land in Wirklichkeit, dem reichen Mann in Paris nur auf dem Papier. Hier kann eingewendet werden, daß aber in anderer Hinsicht das elsässische Landeigentum für Mazarin nicht nur illusorischen Charakter hatte, sondern einen ganz konkreten Wert besaß, indem ihm von dort Geld in Form von Zinsen und anderen Abgaben zufloß.

Das führt über zu Betrachtungen über den Geldbesitz. Wenn wahres Besitzen in einer körperlichen, sinnenhaften Beziehung zu einem Objekt besteht, kann Geld nie zu Besitz werden; es bleibt immer nur Besitz-Symbol. Geld ist mit Recht ein ganz besonders beliebtes Eigentum, weil mit ihm allerart Dinge, die man gebrauchen, benützen, genießen kann, also wirklicher Besitz, zu erwerben ist.

Es erübrigt sich auszuführen, was man mit Geld alles kaufen kann. Die universelle Umwandlungsmöglichkeit von Geld in alle möglichen Arten von Besitz verleiht dem Geld besonders vielfältige, dem Eigentum zukommende Macht. Nützlich ist es aber, und für den, der wenig Geld besitzt, auch tröstlich, sich zu vergegenwärtigen, wo die Umwandlungsmöglichkeit von Geld in Besitz ihre Grenzen hat.

Wo es sich um Besitz handelt, dessen Wert allein im Konsum, im Genuß liegt, sind diese durch die Genußkapazität des Besitzers gesetzt. Auch der Millionär kann nur so viel essen, wie sein Magen zuläßt. Was er mehr bestellt, muß er stehen lassen. Was vom Essen gilt, ist beim Trinken noch augenfälliger. Hier muß man die Grenzüberschreitung sogar noch bezahlen, mit einem Kater oder mit einer Alkoholvergiftung.

Allerdings kann sich der Reiche die Befriedigung seiner körperlichen Bedürfnisse und Freuden genußreicher gestalten als der Arme; aber das auch nur in beschränktem Maß. Wenn man mehr Geld ausgeben kann, zum Beispiel für eine Mahlzeit, dann läßt sich der Genuß des Essens wohl noch steigern. Aber die einfachste Mahlzeit schmeckt dem Hungernden köstlicher als die raffinierteste Tafel dem Appetitlosen.

Ganz allgemein gilt, daß die Höhe des Genusses bei körperlichen Freuden durch die Intensität des betreffenden Bedürfnisses, durch den Appetit im weitesten Sinn des Wortes, bestimmt wird. Appetit kann man aber nicht kaufen. Das gleicht viele soziale Ungerechtigkeiten aus.

Der ganz große Ausgleich aber besteht darin, daß jeder Mensch im Besitz der Fähigkeit ist,

Besitzer zu sein. Ein Besitzer-Besitz-Verhältnis ist nur möglich zwischen einem Subjekt, das der Wahrnehmung eines Objektes und dessen Nutznießung fähig ist, wobei unter Objekt auch geistige Inhalte, und unter Nutznießung auch eine aus Liebe und Freude bestehende Beziehung zu verstehen sind. Weil jeder Mensch, und nur der einzelne Mensch der Wahrnehmung und der Liebe fähig ist, kann nur er allein von Objekten in der Außenwelt Besitz ergreifen. Diese Fähigkeit ermöglicht ihm nicht nur einzelne Dinge in der Außenwelt so zu besitzen, wie das in den vorangegangenen Ausführungen dargelegt wurde, sondern auch, im wahren Sinne des Wortes, Besitzer der ganzen Welt zu sein. Das ist die göttliche Gabe, die jedem Menschen in die Wiege mitgegeben wird.

Meistens aber ist unser Blick befangen von Dingen im engen Umkreis, sind die Gedanken belegt von persönlichen Interessen und Sorgen, so daß wir das Wunder und die Schönheit der Schöpfung als Ganzes nicht sehen. Himmel und Erde, Sonne und Mond, der Wandel in Feld und Wald im Wechsel der Jahreszeiten sind zu Selbstverständlichkeiten geworden und werden kaum mehr wahrgenommen. So gehen wir des uns angestammten Besitzes verlustig.

Auch denken wir nicht daran, daß die farbige, sinnenfreudige Welt, so wie wir sie sehen und erleben, in uns entsteht.

Auf dieses wunderbare Geschehen, auf die Wechselwirkung von Materie und Energie im äußeren Raum als Sender und dem bewußtmachenden geistigen Zentrum im Innenraum eines jeden Menschen als Empfänger, aus der die Wirklichkeit entsteht, wurde im ersten Aufsatz dieser Schrift ausführlich eingegangen.

Es gibt nur einen einzigen äußeren, physikalischen Raum, den ich mit allen Menschen teile, dagegen bin ich alleiniger Besitzer meines geistigen Innenraumes. Hier und nur hier entsteht das Bild der Welt, das wir als unsere Wirklichkeit bezeichnen. Dieses Bild ist mir mittels meiner Sinne zugewachsen. Es gehört mir. Ich bin der alleinige Besitzer dieses Bildes, das identisch ist mit der Welt, mit meiner Welt.

Das meint Thomas Traherne in dem Motto, das diesem Aufsatz vorangestellt ist, mit der Aufforderung, ich solle mich als den einzigen Erben der ganzen Welt betrachten. Tatsächlich ist jeder Mensch der alleinige Besitzer der ganzen Welt, seine Mitmenschen, die zu dieser Welt gehören, eingeschlossen, denn die Welt wird Wirklichkeit nur in einem Ich, in jedem Ich.

Dieses Wissen, das sich aus naturwissenschaftlichen Erkenntnissen ergibt, nämlich, daß die ganze Welt mein Besitz ist, genügt aber noch nicht, um mich dieser Welt erfreuen zu können. Es muß dazu kommen, was Traherne meint, wenn er sagt, ich müsse das Meer in meinen Adern fließen fühlen, ich müsse mich mit dem Himmel bekleiden und mit den Sternen krönen. Zum rationalen Wissen muß das emotionale Erleben kommen. Ich darf nicht getrennt bleiben vom Meer, vom Himmel, von den Sternen. Ich muß fühlen, daß die Schöpfung in mir ist und ich in ihr, daß wir eins sind. Dann gehört mir die Welt, so wie ich ihr gehöre. Erst dann geht mir ihre Schönheit recht zu Herzen, fühle ich mich in ihr geborgen und kann mich an ihr erfreuen.

Pflanzenkundliche Überlegungen zum Waldsterben

In den vielen öffentlichen Diskussionen über das Waldsterben kommen zwei fundamentale pflanzenkundliche Überlegungen, obwohl sie sich geradezu aufdrängen, kaum oder gar nicht zur Sprache.

Die eine betrifft die Frage, warum sich die Luftverschmutzung zuerst in der Pflanzenwelt, an den Waldbäumen, schädigend auswirkt und nicht in der Tierwelt und beim Menschen. Tannen und Buchen würde man allgemein doch für robuster, für weniger empfindlich halten als Tiere und Menschen.

Die größere Empfindlichkeit der Pflanzen gegenüber Giftstoffen in der Luft wird aber sogleich verständlich, wenn man den fundamentalen Unterschied in der Biologie zwischen Tier- und Pflanzenwelt in Betracht zieht.

Wir brauchen die Luft »nur« des Sauerstoffs wegen, der uns dazu dient, die Nahrung zu verbrennen, um damit Energie für die Lebensprozesse zu gewinnen. Die Pflanze jedoch bezieht aus der Luft den Hauptbestandteil ihrer Nahrung, nämlich den Kohlenstoff, den sie in der Form von Kohlensäure (genauer: Kohlensäureanhydrid = Kohlendioxyd = CO_2) der Luft entnimmt. Da die Luft nur 0,035% Kohlensäure enthält, gegenüber einem Sauerstoffgehalt von 21%, muß die Pflanze, um ihren großen Kohlensäure-Bedarf zu decken, mit einer unvergleichlich größeren Menge Luft in Kontakt kommen als der Mensch einatmen muß für die verhältnismäßig geringe benötigte Quantität Sauerstoff. Zu diesem Zweck sind die grünen Gewebe der Pflanzen, die Blätter und Nadeln, in denen der Assimilationsprozeß der Kohlensäure stattfindet, mit einem hochentwickelten Durchlüftungssystem ausgestattet, das erlaubt, die Kohlensäure aus der großen Verdünnung in der Luft herauszufiltrieren. Die Luft hat Zugang ins Innere des Blattes oder der Nadeln durch feinste Poren, sogenannte Spaltöffnungen, von denen jedes einzelne Eichen- oder Buchenblatt über eine halbe Million aufweist.

Diese für den Stoffwechsel notwendige ausgedehnte, sehr intensive Durchlüftung der Pflanzen macht es verständlich, daß in ihnen viel mehr von den in der Luft enthaltenen Schadstoffen (Schwefeldioxid, Stickoxide, Ozon, Blei, Staub und anderes) hängen bleiben als im tierischen Organismus, so daß die Auswirkungen einer vergifteten Luft zuerst in der Pflanzenwelt, schon früher als beim Menschen und in der Tierwelt, in Erscheinung treten.

Die andere, in den öffentlichen Diskussionen über das Waldsterben ausgesparte Überlegung betrifft die Frage, warum in der Pflanzenwelt nur gerade Waldbäume den Giftstoffen in der Atmosphäre zum Opfer fallen. Dafür gibt es unseres Wissens noch keine gesicherte Erklärung. Hinter diesem Nichtwissen lauert eine mögliche ungeheure Gefahr. Denn wenn kein prinzipieller Unterschied im Assimilationsmechanismus der Kohlensäure zwischen Waldbäumen und Obstbäumen, oder anderen Nutzpflanzen, wie Kartoffeln, Getreide usw., bekannt ist, *muß mit der Möglichkeit gerechnet werden, daß in absehbarer Zeit auch Pflanzen, von denen sich die Menschheit ernährt, anfangen abzusterben.*

In dem als Assimilation der Kohlensäure oder als Photosynthese bezeichneten Vorgang baut die Pflanze, mit Sonnenlicht als Energiequelle und Blattgrün (Chlorophyll) als Katalysator, aus der Kohlensäure der Luft und aus Wasserstoff, ihren aus Kohlenstoffverbindungen bestehenden Organismus auf. Der Wasserstoff wird durch photochemische Spaltung des aus den Wurzeln aufsteigenden Wassers gewonnen. Der bei diesem Prozeß freiwerdende Sauerstoff wird durch die Spaltöffnungen an die Luft abgegeben.

Genau der umgekehrte Vorgang spielt sich in unserem Organismus und in dem aller Tiere ab. Hier wird die von der Pflanze aufgebaute organische Substanz, unsere Nahrung, unter Aufnahme von Sauerstoff verbrannt; wir gewinnen dabei die von der Pflanze in Form von Sonnenlicht aufgenommene Energie und geben die Verbrennungsprodukte, Kohlensäure und Wasser, in der Atemluft in die Atmosphäre ab. So schließt sich der Kreislauf.

Neben diesem grundlegenden Kohlenwasserstoff-Kreislauf gibt es noch andere Kreisläufe, in denen der Stickstoff und Mineralien eine Rolle spielen, die ebenfalls mit Sonnenenergie betrieben werden.

In der Photosynthese haben wir den alles Leben auf der Erde tragenden Grundprozeß der Schöpfung vor uns, in dem der *immaterielle* Lichtstrom von der Sonne durch die grüne Pflanzendecke der Erde in die *materielle* Energie pflanzlicher Organismen umgewandelt wird, die ihrerseits die Lebensgrundlage für die Tier- und Menschenwelt bilden. Das Waldsterben, das auf eine Störung der Photosynthese infolge Schädigung der grünen Pflanzenzellen durch Giftstoffe der Luft zurückzuführen ist, kündet eine drohende Unterbrechung dieses Grundprozesses im Lebenskreislauf an.

In jedem elementaren Lehrbuch der Naturkunde sind die Grundlagen der Assimilation der Kohlensäure, der Photosynthese, beschrieben. Aber gerade solches fundamentales Wissen über unsere Lebensgrundlagen wird leider meistens, weil ohne praktische Bedeutung, mitsamt den Schulbüchern schubladisiert. Heute ist es aber dringend notwendig, daß sich jedermann diese naturwissenschaftlichen Erkenntnisse wieder in Erinnerung ruft; denn sie bringen uns zum Bewußtsein, daß mit dem Waldsterben *die Grundlage alles Lebens auf unserem Planeten* in akute Gefahr zu geraten beginnt, und daß deshalb das Hinausschieben von möglichen Maßnahmen zur Bannung der drohenden Katastrophe nicht nur eine grenzenlose Verantwortungslosigkeit, sondern ein alles Leben bedrohendes Verbrechen wäre.

Atomkraftwerk Sonne

Wenn man die weltweit entbrannten Diskussionen über Atomkraftwerke verfolgt, könnte man meinen, es gehe beim Problem der Nutzung der Atomenergie im wesentlichen nur um die Beantwortung der folgenden zwei Fragen:

a) Wird der zukünftige Energiebedarf so groß sein, daß Atomkraftwerke benötigt werden?

b) Ist der Betrieb von Atomkraftwerken so sicher, und ist das Problem des Atommülls so lösbar, daß keine Katastrophen oder erbbiologische Schäden für die Menschheit zu befürchten sind?

Beides sind Fragen, die nur von Fachleuten, von kompetenten Wissenschaftlern beantwortet werden können – wenn sie überhaupt aufgrund der heute vorliegenden Unterlagen und Kenntnisse schon beantwortbar sind.

Die wissenschaftlichen Experten sind sich aber in der Beantwortung weder der Frage a) noch b) einig. Nur von diesen beiden Gesichtspunkten aus betrachtet, weiß man daher nicht, ob man dem Bau von Atomkraftwerken zustimmen soll oder nicht.

Es gibt aber noch Überlegungen zum Problem der Nutzung der Atomenergie, die unabhängig sind von der Beantwortung der Fragen a) und b), und die somit jeder denkende Mensch anstellen kann, ohne die Expertise von Fachleuten und Spezialisten zu benötigen.

Gemeint sind die Überlegungen und Gedanken, die sich aufdrängen, wenn man sich *die Tatsache vor Augen hält, daß die Sonne nichts anderes ist als ein gewaltiges Atomkraftwerk.*

Man kennt heute die chemischen und physikalischen Prozesse, die in und auf der Sonne ablaufen, recht genau. Es sind durchwegs Kernreaktionen. Unter diesen kommt dem Zusammenschluß von Wasserstoffkernen zu Heliumkernen große Bedeutung zu. Diese Prozesse sind mit einer ungeheuren Energieausstrahlung in den Weltraum verbunden, die seit Milliarden Jahren in unverminderter Stärke anhält.

Der mittlere Abstand der Erde von der Sonne auf ihrer Umlaufbahn beträgt rund 150 Millionen Kilometer. Im Vergleich zur Sonne ist die Erde sehr klein; ihr Volumen ist 1,3millionenmal kleiner als das der Sonne. Somit fällt nur ein winziger Bruchteil der Ausstrahlung des Kernreaktors Sonne auf die Erde.

Doch dieser Strahlung verdanken wir alles.

Es gäbe kein Leben auf der Erde ohne diese außerirdische Energiequelle:

Der grundlegende Vorgang für die Entstehung und Bildung alles Lebendigen, die Umwandlung von anorganischer Materie – von Kohlensäure und Wasser – in organische Substanz erfolgt unter der energieliefernden Einstrahlung des Sonnenlichts. Dieser als »Assimilation der Kohlensäure« bezeichnete Prozeß liefert die organischen Bausteine – Zucker, Kohlenhydrate, Eiweiße usw. – für den Aufbau der Pflanze. Da ohne Pflanzen keine tierischen Organismen existieren könnten, weil diese die ersteren als Nahrungsquelle benötigen, bildet die Lichtnahme in Form des Assimilationsprozesses der Pflanze auch die primäre Energiequelle des menschlichen Lebens.

Somit wäre selbst die Herausbildung des menschlichen Geistes ohne das ursprüngliche Vorhandensein des Sonnenlichtes nicht möglich gewesen. Der menschliche Geist, unser Bewußtsein, stellt die höchste, sublimste energetische Umwandlungsstufe des Lichtes dar.

Dem außerirdischen Kernreaktor Sonne verdanken wir alle die großen irdischen Energiequellen:

- das Holz der Wälder;
- die Kohle-, Erdöl- und Erdgaslager, in denen die Sonnenwärme ungezählter Millionen Jahre gespeichert wurde;
- die Wasserkraft der Seen und Flüsse, die aus Wolken, welche Sonnenkraft hochgezogen hat, ununterbrochen gespeist werden und die menschliche Intelligenz sekundär in Form von Wärme, Licht und Elektrizität zu nutzen versteht.

Der außerirdische Kernreaktor ist auch der große Reiniger und Erneuerer der Lebenselemente Wasser und Luft:

Aus salzigen Meeren, aus verunreinigten Flüssen und Seen, aus nasser Erde steigt durch Sonnenwärmewirkung reines Wasser zum Himmel –

als erfrischender, die Pflanzenwelt tränkender Regen oder als Schnee fällt das gereinigte Element auf die Erde zurück.

Auch für die Reinigung und Regeneration der Luft liefert die Sonne die notwendige Energie. Bei den Verbrennungsprozessen – bei der Nahrungsverwertung in den tierischen Organismen, in den Benzinmotoren, in jedem Feuer – wird Sauerstoff verbraucht, und es entsteht Kohlensäure. Umgekehrt nehmen die Pflanzen bei der Assimilation, die sich im Blattgrün mit Sonnenlicht als Energielieferant abspielt, Kohlensäure auf und geben Sauerstoff an die Atmosphäre ab.

Der Kernreaktor Sonne unterscheidet sich von den irdischen Atomkraftwerken dadurch, daß er

– absolut unfall- und strahlensicher ist;
– kein Problem der Atommüllbeseitigung schafft;
– weder Anschaffungs- noch Betriebskosten verursacht;
– einen unbegrenzten Brennstoffvorrat besitzt, während die irdischen Uranlager in wenigen Jahrzehnten erschöpft sein werden;
– alle Menschen und Völker der Erde ohne Unterschied ununterbrochen mit Energie versorgt;
– für Mensch und Tier eine grüne Pflanzenwelt geschaffen hat, die weichen muß, wo irdische Atomkraftwerke entstehen.

Was macht der Mensch, wenn er sich zusätzliche Energie durch irdische Kernkraftwerke beschafft?

Er entfacht auf der Erde Sonnenfeuer, das heißt Kernreaktionen, also physikalisch-chemische Prozesse jener Art, die auf der Sonne, 150 Millionen Kilometer entfernt, ablaufen. Diese ungeheure Entfernung und eine schützende Erdatmosphäre haben zur Folge, daß uns nur ungefährliche Spuren von schädlichen Strahlen erreichen können, doch ein alles erschaffendes, alles erhaltendes Sonnenlicht auf unseren Planeten fällt.

Mit der Nutzung der Kernenergie in großem Maßstab (vom Wahnsinn der Atomwaffen ganz zu schweigen) entsteht die Gefahr einer Verseuchung der Erde mit lebensfeindlicher Strahlung. Was das bedeutet, ergibt sich, wenn man bedenkt, daß Leben auf der Erde erst möglich wurde, nachdem hier Kernreaktionen im Verlauf von Milliarden Jahren, bis auf Spuren in den heute noch radioaktiven Elementen, erloschen waren.

Die Atome, die Bausteine der materiellen Welt, sind winzigen Sonnensystemen vergleichbar, in denen Elektronen, wie Planeten um die Sonne, um den Atomkern kreisen. Mit Ausnahme der Vorgänge in den nur noch in Spuren vorhandenen radioaktiven Elementen spielen sich alle stofflichen Umwandlungen auf dem Planeten Erde im Bereich der Elektronen, der mikrokosmischen Planeten ab; die mikrokosmisch der Sonne entsprechenden Atomkerne bleiben unversehrt.

Bei der Kernspaltung und bei der Kernfusion dagegen werden die Atomkerne in Mitleidenschaft gezogen. Dabei verschwindet Materie, indem sie sich in Energie auflöst. Bei den planetarischen Reaktionen – planetarisch im makro- und mikrokosmischen Sinn –, das heißt bei den stofflichen Umwandlungen in der toten Materie und beim Stoffwechsel in den lebenden Organismen des Pflanzen- und Tierreiches, bleibt die Materie erhalten.

Die Nutzung der Atomenergie ist daher nicht einfach als eine Weiterentwicklung der Technologie der Energiegewinnung zu werten, sondern bedeutet etwas vollständig Neues, nämlich einen Eingriff in den Kern der Materie, einen »Fort«-schritt fort von den naturgesetzlichen Gegebenheiten, auf denen das Leben auf unserem Planeten beruht. Daraus erklärt sich, daß die mit der Kernenergienutzung verbundenen Gefahren lebensbedrohenden Charakter aufweisen, und daß es sehr schwierig, wenn nicht unmöglich ist, sie unter Kontrolle zu bringen.

Wäre es daher nicht vernünftiger gewesen, wenn sich die Energieforschung auf den Ausbau der vertrauten Energiequellen konzentriert hätte, also jener, die alle ihren Ursprung letzten Endes im Kernkraftwerk Sonne haben, und die bis heute den Energiebedarf zu decken vermochten?

Die Frage, ob bald eine Energielücke zu befürchten sei, die mit Kernenergie überbrückt werden müßte, ist offen; dagegen steht fest, daß für eine fernere Zukunft ein neues Energiekonzept benötigt wird.

Weil die heutige Energieversorgung zum größten Teil auf Verzehr des »Kapitals« an Sonnenenergie, das heißt der Erdöl-, Erdgas- und Kohlenreserven, beruht, wird dieses Kapital, so groß es auch ist, in absehbarer Zeit aufgebraucht sein. Anstatt die zukünftige Energieversorgung wieder auf ein (zudem nur kurze Zeit ausreichendes) Kapital abzustützen, nämlich auf die in wenigen Jahrzehnten sich erschöpfenden Uranlager, wäre eine Energieplanung anzustreben, die sich auf den Verbrauch von »Zinsen« beschränkt, auf die Nutzung der ununterbrochen neu zuströmenden Energien des Atomkraftwerkes Sonne. Damit diese dereinst ausreichen, den gesamten Energiebedarf zu decken, nötigenfalls unter Beiziehung anderer zinsenförmig anfallender Energien, etwa der Gezeiten, wäre der Einsatz der Wasser- und Windkräfte, vor allem aber die Nutzung der direkten Sonnenstrahlung weiter auszubauen.

Es wurde errechnet, daß die an einem einzigen Tag in Form von Sonnenstrahlen auf die Erde einfallende Energiemenge ausreichen würde, um den heutigen Energiebedarf für einige hundert Jahre zu decken. Die sinnvollsten, lohnendsten Forschungsprojekte unserer Zeit sind daher jene, die sich mit der *Sonnenstrahlung als idealer Hauptenergiequelle der Zukunft befassen.* Es ist nicht utopisch anzunehmen, daß es menschlichem Erfindungsgeist gelingen wird, einen kleinen Bruchteil dieser ungeheuren, drahtlos zuströmenden Energie unseres großen, sicheren, unerschöpflichen, außerirdischen Atomkraftwerkes einzufangen und in nutzbare Form zu bringen und damit das Energieproblem für alle Zeiten zu lösen.

Albert Hofmann wurde am 11. Januar 1906 in Baden in der Schweiz geboren. Während seiner ganzen beruflichen Laufbahn war er als Chemiker in der pharmazeutischen Forschung tätig. Seine Arbeit galt bekannten Arzneipflanzen wie Mutterkorn, Meerzwiebel, Rauwolfia und mexikanischen Zauberdrogen. Aus den Untersuchungen gingen wertvolle Medikamente, etwa Hydergin, Dithydergot, Methergin, und psychoaktive Stoffe, wie LSD und Psilocybin, hervor.

Die vorliegende naturphilosophische Schrift ist die Summe aus seinen naturwissenschaftlichen Erkentnissen und dem persönlichen, mystisch-religiösen Erleben der Natur.

Einsichten
und
Einblicke

Bruno Martin
Handbuch der spirituellen Wege
Eine Entdeckungsreise
08/3003

E.R. Carmin
Das schwarze Reich
Geheimgesellschaften im 20. Jahrhundert
08/3008

08/3003

S P H I N X   b e i   H E Y N E

Silva Mind

*Der Schlüssel zur
inneren Kraft*

José Silva
Philip Miele
Silva Mind Control
*Die universelle Methode zur
Steigerung der Kreativität und
Leistungsfähigkeit des
menschlichen Geistes*
08/9538

José Silva
Burt Goldman
Die Silva-Mind-Methode
Das Praxisbuch
08/9549

José Silva
Robert B. Stone
**Der Silva-Mind-Schlüssel zum
inneren Helfer**
08/9599

**Die Silva Mind-Control-
Methode für Führungskräfte**
22/247

08/9538

Heyne-Taschenbücher

Dr. Deepak Chopra

Die unendliche Kraft in uns
*Heilung und Energie von jenseits
der Grenzen unseres Verstandes*
08/9647

Dein Heilgeheimnis
*Das Schlüsselbuch zur neuen
Gesundheit*
08/9661

08/9647

08/9661

Heyne-Taschenbücher